À toi ! 1

Schulaufgabentrainer | Klassenarbeitstrainer

Cornelsen

À toi! 1
Schulaufgabentrainer/Klassenarbeitstrainer
mit Audio-CD

im Auftrag des Verlages erarbeitet von
Karine Férey, Walpurga Herzog
und der Redaktion Französisch
Anne Lapanouse, Brigitte Bandorf (Bildassistenz)

Umschlaggestaltung: werkstatt für gebrauchsgrafik, Berlin
Layout und technische Umsetzung: graphitecture book, Rosenheim
Illustrationen: Laurent Lalo
CD-Produktion: MK Audio languages solutions, Berlin
Umschlagfoto: © Getty Images / Westend61 / RF (Vordergrund);
Getty Images / Paul Trummer (Hintergrund)

Bildquellen:
© Cornelsen, Denimal/Uzel, S. 58, S. 59 (Mitte) – © Fotolia, S. 10, S. 64 (rechts), S. 73 (links) – © iStockphoto, S. 59 (oben), S. 59 (unten) – © pathermedia, S. 73 (rechts) – © Shyshak, S. 64. © picture-alliance/dpa , S. 25 – © picture-alliance, S. 26.

Auf der Audio-CD findest du die Hörtexte der einzelnen Schulaufgaben/Klassenarbeiten, Hörübungen des Teils „Orthographe" und die Sätze und Fragen der Trainingskarten.

Liebe Schülerin, lieber Schüler, falls du das eingelegte Lösungsheft verloren hast, kannst du es downloaden. Gehe dazu auf www.cornelsen.de/webcodes und gib folgenden Webcode ein: **ATOI-1-SAT**

www.cornelsen.de

1. Auflage, 2. Druck 2014

© 2012 Cornelsen Verlag, Berlin

Das Werk und seine Teile sind urheberrechtlich geschützt.
Jede Nutzung in anderen als den gesetzlich zugelassenen Fällen bedarf
der vorherigen schriftlichen Einwilligung des Verlages.
Hinweis zu den §§ 46, 52 a UrhG: Weder das Werk noch seine Teile dürfen ohne eine
solche Einwilligung eingescannt und in ein Netzwerk eingestellt oder sonst öffentlich
zugänglich gemacht werden.
Dies gilt auch für Intranets von Schulen und sonstigen Bildungseinrichtungen.

Druck: H. Heenemann, Berlin

ISBN 978-3-06-021301-6

INHALTSVERZEICHNIS

UNITÉS 1/2	Bonjour! / C'est la rentrée	5
UNITÉ 3	Un quartier de Levallois	13
UNITÉ 4	Ma famille et moi	21
UNITÉ 5	Chez les Fournier	28
UNITÉ 6	C'est la fête!	37
UNITÉ 7	Mes hobbys	45
UNITÉ 8	Planète collège	53
UNITÉ 9	Qu'est-ce qu'on mange ce soir?	64
UNITÉ 10	Un week-end à Paris	72
MÜNDLICHE SCHULAUFGABE/KLASSENARBEIT (nach Unité 8)		82
ANNEXE	Orthographe	89
	Les clés pour parler	93
	Fiches En situation	94
	Fiches 36 questions pour un champion	101
	À la chasse aux fautes	103
	Barèmes	103

INHALTSÜBERSICHT DER AUDIO-CD

Track-Nr	Titel		Laufzeit
1	Copyright		00 : 40
2	Unités 1/2	Compréhension de l'oral	01 : 28
3	Unité 3	Compréhension de l'oral	01 : 29
4	Unité 4	Compréhension de l'oral	01 : 04
5	Unité 5	Compréhension de l'oral	01 : 44
6	Unité 6	Compréhension de l'oral	01 : 23
7	Unité 7	Compréhension de l'oral	01 : 38
8	Unité 8	Compréhension de l'oral	01 : 32
9	Unité 9	Compréhension de l'oral	01 : 50
10	Unité 10	Compréhension de l'oral	02 : 09
11	Orthographe	Exercice 6	01 : 39
12	Orthographe	Exercice 11	01 : 16
13	Unités 1/2	En situation	00 : 57
14	Unité 3	En situation	01 : 01
15	Unité 4	En situation	01 : 00
16	Unité 5	En situation	01 : 07
17	Unité 6	En situation	01 : 05
18	Unité 7	En situation	00 : 54
19	Unité 8	En situation	01 : 06
20	Unité 9	En situation	00 : 59
21	Unité 10	En situation	01 : 03
22	36 questions pour un champion	Ta famille et ton chez-toi	01 : 32
23	36 questions pour un champion	Ton école et tes loisirs	01 : 38

Salut! Mit diesem Heft kannst du dich auf Tests und Schulaufgaben/Klassenarbeiten vorbereiten.

Unité 4 Ma famille et moi	Die Schulaufgaben/Klassenarbeiten beinhalten eine Mischung aus Kompetenz- und Sprachtraining.
Compréhension de l'oral	Fallen dir französische Höraufgaben schwer? Hier findest du viele Beispiele zum Üben.
Compréhension de l'écrit	Du findest es schwierig, französische Texte zu lesen und zu verstehen? Auch Textverständnis ist Übungssache.
Vocabulaire	Bist du mit dem Wortschatz der jeweiligen Unité vertraut? Hier kannst du dich überprüfen.
Grammaire	Du beherrschst die neuen Grammatikstrukturen noch nicht? Dann hast du hier Gelegenheit zu üben.
Médiation	Hier übst du Informationen auf Deutsch oder Französisch wiederzugeben.
Version	Übersetzen vom Französischen ins Deutsche ist nicht schwer… Prüfe, ob du es gut beherrschst.
Production écrite	Hier schreibst du Texte auf Französisch, z. B. E-Mails oder Blogs.

Die mündliche Schulaufgabe/ Klassenarbeit	Hier übst du flüssig und frei zu sprechen.
Présente-toi	Stelle dich vor.
Monologue suivi	Sprich über ein Alltagsthema.
Jeu de rôles et échanges d'informations	Mach ein Rollenspiel mit einem Partner / einer Partnerin.

Annexe	Hier findest du weitere Übungen zum Schreiben und Sprechen.
Orthographe	Wörter korrekt zu schreiben ist nicht deine Stärke? Hier findest du passende Übungen.
Les clés pour parler	Übe mit den Trainingskarten „En situation" und „36 questions pour un champion" für mündliche Tests.
À la chasse aux fautes	Lerne mit der Fehlersuchliste deine Fehler selbst zu entdecken.
Barèmes	Schätze deine Leistungen mit Hilfe der Punktetabelle und der Bewertungskriterien ein.

📄 Überprüfe deine Ergebnisse mit Hilfe der Lösungen. Dort findest du auch die Hörtexte sowie die Vorlagen für den Kommunikationstrainer.

Viel Erfolg mit deinem Schulaufgabentrainer/ Klassenarbeitstrainer!

Unités **1/2** Bonjour! / C'est la rentrée — 100 Punkte

COMPRÉHENSION DE L'ORAL | Hörverstehen — 10 Punkte

💡 Im Hörtext: **aussi** auch

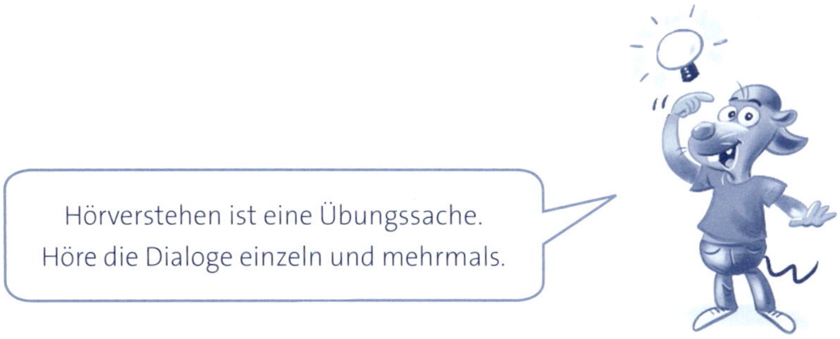

> Hörverstehen ist eine Übungssache.
> Höre die Dialoge einzeln und mehrmals.

🎧 **1** La rentrée. Écoute les dialogues et trouve à quelles images ils correspondent. | Der erste Tag im Collège Jean Rostand. Höre die Gespräche an und ordne sie den passenden Bildern zu. Trage die Buchstaben in die Kästchen ein. ___/3 P.

☐ Dialogue 1   ☐ Dialogue 2   ☐ Dialogue 3

a   b    c

🎧 **2** Écoute de nouveau les dialogues et coche les bonnes réponses. | Höre die Gespräche noch einmal an und kreuze an, ob die Aussagen richtig (*vrai*) oder falsch (*faux*) sind. ___/7 P.

	Vrai	Faux
1. Maëlle est en cinquième A.	☐	☐
2. Léonie est en cinquième A.	☐	☐
3. Jules est en cinquième.	☐	☐
4. Paul est en sixième A.	☐	☐
5. Léonie est dans la classe de Madame Dumoncel.	☐	☐
6. Monsieur Ferry est le prof de français.	☐	☐
7. Théo est l'ami de Lucas.	☐	☐

Unités 1/2 5

COMPRÉHENSION DE L'ÉCRIT | Leseverstehen

9 Punkte

Wiederhole zuerst die Vokabeln von Unité 1 und Unité 2, um die E-Mail besser zu verstehen.

Le mail de Grégoire. | Du hast eine E-Mail von deinem Austauschpartner bekommen.

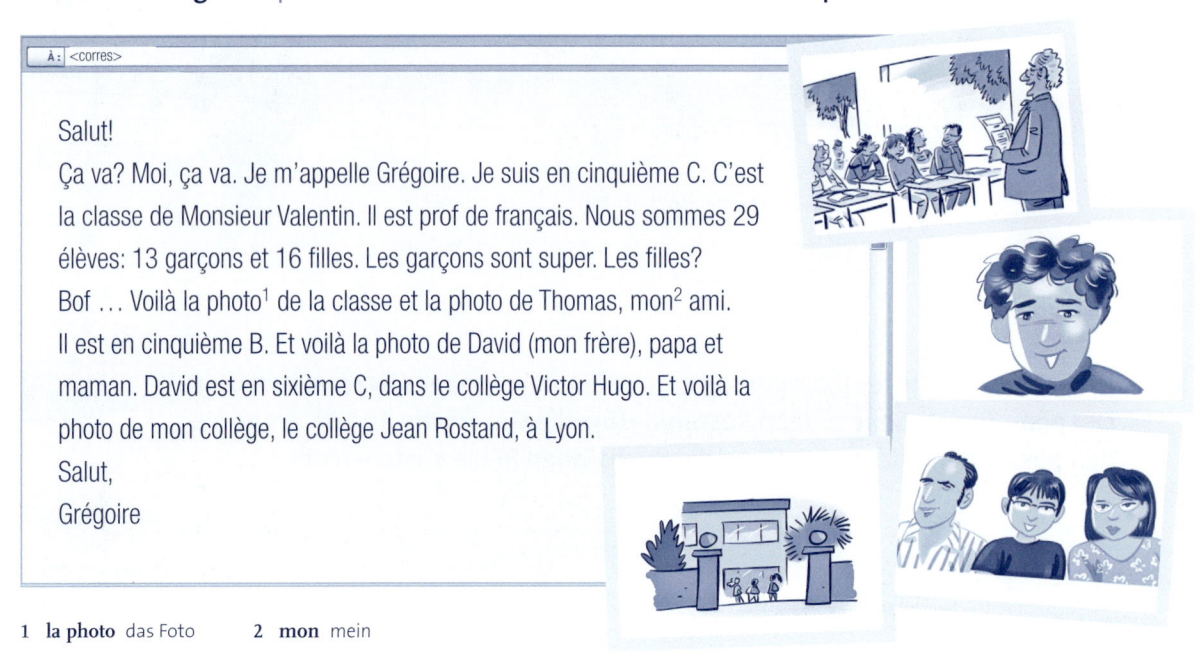

À : <corres>

Salut!
Ça va? Moi, ça va. Je m'appelle Grégoire. Je suis en cinquième C. C'est la classe de Monsieur Valentin. Il est prof de français. Nous sommes 29 élèves: 13 garçons et 16 filles. Les garçons sont super. Les filles? Bof … Voilà la photo[1] de la classe et la photo de Thomas, mon[2] ami. Il est en cinquième B. Et voilà la photo de David (mon frère), papa et maman. David est en sixième C, dans le collège Victor Hugo. Et voilà la photo de mon collège, le collège Jean Rostand, à Lyon.
Salut,
Grégoire

1 **la photo** das Foto 2 **mon** mein

3 Lis le mail et note qui c'est. | Lies die E-Mail. Wer ist hier gemeint? Schreibe die Namen auf.   ___ /4 P.

1. Il est dans la classe de Monsieur Valentin. C'est qui? _____.

2. Il est en cinquième B. C'est qui? _____.

3. C'est le frère de Grégoire. C'est qui? _____.

4. C'est le prof de français. C'est qui? _____.

4 Lis le mail encore une fois et coche les bonnes réponses. | Lies die E-Mail noch einmal und kreuze die richtigen Antworten an.   ___ /5 P.

1. Grégoire est:
   a ☐ en cinquième A.
   b ☐ en cinquième B.
   c ☐ en cinquième C.

2. La classe de Grégoire, c'est:
   a ☐ 20 9
   b ☐ 16 13
   c ☐ 13 16

3. Thomas est:
   a ☐ le frère de Grégoire.
   b ☐ l'ami de Grégoire.
   c ☐ le surveillant.

4. David est:
   a ☐ en sixième C.
   b ☐ en cinquième B.
   c ☐ en cinquième C.

5. Le collège de Grégoire, c'est:
   a ☐ le collège Jean Lyon.
   b ☐ le collège Jean Rostand.
   c ☐ le collège Victor Hugo.

Unités 1/2

VOCABULAIRE | Wortschatz

15 Punkte

5 Qu'est-ce que c'est? Écris le mot au singulier ou au pluriel avec l'article défini. | Welche Wörter des Wortfelds „Schule" sind hier abgebildet? Notiere das Wort im Singular oder im Plural mit dem bestimmten Artikel.

____ / 6 P.

1. _____
2. _____
3. _____
4. _____
5. _____
6. _____

> Aufgepasst! Im Plural haben männliche und weibliche Nomen den gleichen Artikel!

6 Complète. Trouve le mot solution, écris-le et traduis-le. | Vervollständige. Finde das Lösungswort, schreibe es auf und übersetze es.

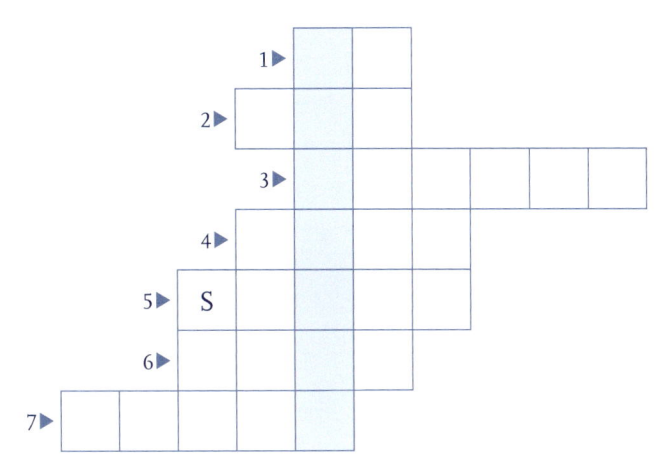

____ / 9 P.

1. **La surveillante:** ? sont les filles de la cinquième B?
2. **Théo à[1] Lucas:** Moi, ça va. Et ? ?
3. **Élève à la prof:** Bonjour, ? !
4. **Thomas:** Léonie? C'est l' ? de Lucas.
5. **Jules:** Maëlle? C'est la ? de Paul.
6. **La prof:** Les élèves? Ils sont ? la cour.
7. **Thomas:** ? , Grégoire. Ça va?

5▶ S

Le mot solution[2] est _____ (= _____).

1 à *hier:* zu   2 **le mot solution** das Lösungswort

Unités 1/2

GRAMMAIRE | Grammatik

34 Punkte

7 Complète les phrases par les bonnes formes du verbe *être*. | Thomas und Pauline unterhalten sich mit einer neuen Mitschülerin. Vervollständige den Dialog mit den richtigen Formen des Verbs *être*.

____/8 P.

Thomas, Julie et Pauline _____ dans la cour.

Thomas: Salut! Tu _____ en cinquième?

Julie: Oui, je _____ en cinquième C. Et vous? Vous _____ aussi* en cinquième?

Pauline: Oui, nous _____ en cinquième B, dans la classe de Monsieur Ferry.

C'_____ le prof de français.

Julie: Il _____ cool?

Pauline: Oui. Ah, voilà Maëlle et Léonie!

Thomas: Ce _____ les amies de Pauline.

* aussi auch

8 Écris les questions qui vont avec les réponses. | Pauls Großmutter stellt Paul und seinem Freund viele Fragen. Schreibe die passenden Fragen zu den Antworten auf.

____/12 P.
(= 6 x 2 P.)

1. **Madame Dupas:** Bonjour, Paul. _____?

   Paul: Oui, ça va.

2. **Madame Dupas:** Bonjour. _____?

   Jules: Je m'appelle Jules.

3. **Madame Dupas:** _____?

   Jules: Oui, je suis dans la classe de Paul. Voilà la photo¹ de la classe.

4. **Madame Dupas:** Ah! Et _____?

   Paul: C'est Monsieur Valentin, le prof de français.

5. **Madame Dupas:** Et _____?

   Paul: Oui, nous sommes dans la cour.

1 la photo das Foto   2 sympa nett

9 Complète les phrases par les pronoms personnels *je, tu, il, elle, nous, vous, ils* ou *elles*. | Léonie schreibt ihren Cousinen eine E-Mail. Ergänze die Sätze mit den Personalpronomen *je, tu, il, elle, nous, vous, ils* oder *elles*.

___/8 P.

À:

Salut les filles!

Maintenant[1], _____ suis en cinquième B, c'est la classe de Monsieur Ferry. _____ est professeur de français. Pauline? _____ est en cinquième B aussi[2]! Dans la classe, _____ sommes 19 garçons (_____ sont super) et 13 filles (_____ sont super aussi). _____ êtes encore[3] dans le collège Victor Hugo? Samantha, _____ es dans la classe de David, le frère de Grégoire?

Salut!

Léonie

---

1 **maintenant** jetzt   2 **aussi** auch   3 **encore** immer noch

10 Quel est le singulier des mots marqués? Utilise l'article défini. | Wie lautet der Singular der markierten Nomen? Schreibe sie auf und verwende den bestimmten Artikel.

___/6 P.
(= 12 x 0,5 P.)

Jérémy: Ce sont les frères ou[1] les amis de Léonie?

Pauline: Là[2], c'est _____ f_____ de Léonie et là, c'est Lucas, _____ a_____ de Léonie.

Jérémy: Ce sont les professeurs ou les surveillantes?

Pauline: Là, c'est Monsieur Valentin, _____ p_____ de français, et là, c'est Magalie, _____ s_____.

Jérémy: Ce sont les cinquièmes ou les sixièmes?

Pauline: Là, c'est _____ c_____ B et là, c'est _____ s_____ B.

> Aufgepasst! Vor einem Vokal oder stummen *h* werden *le* und *la* zu *l'* verkürzt.

1 **ou** oder   2 **là** da

MÉDIATION | Sprachmittlung

___/10 P.

11 Regarde la page Internet et réponds aux questions de ton frère en allemand. | Dein französischer Austauschschüler Étienne hat dir den Link zur Internetseite seiner Klasse geschickt. Lies sie und beantworte die Fragen von deinem Bruder auf Deutsch. Schreibe in ganzen Sätzen.

> Um unbekannte Wörter zu verstehen, überlege, ob es im Deutschen bzw. im Englischen ein ähnliches Wort gibt! (z. B.: *la danse* = the dance)

BLOG du collège Jean Rostand

Étienne52

Bonjour!
C'est nous, la cinquième B du collège Jean Rostand! Dans notre classe, il y a 32 élèves: 19 garçons et 13 filles. Nous sommes la classe de Monsieur Ferry. C'est aussi notre prof de français. Il est très sympa.
Dans notre classe, 3 filles sont dans le club de danse et 7 garçons sont dans le club photo.
Nous organisons une pièce de théâtre* avec Monsieur Ferry: «Le Petit Prince».
Date du spectacle: 15 avril!

PHOTOS DES PROFS

1	2	3	4
M. Ferry (français)	Mme Dumoncel (maths)	Mme Leduc (allemand) et Mme Hanoque (sport)	 M. Legrand (histoire-géographie)

5	6	7
M. Leroy (biologie)	 Mme Guillou (chimie)	 M. Chopin (musique)

* la pièce de théâtre   das Theaterstück

1. In welche Klasse geht Étienne? [1 P.]

_____

2. Wie viele Schüler sind in dieser Klasse? [1 P.]

_____

3. Wie heißt der Klassenlehrer? [1 P.]

___

4. Wer ist im Tanzclub? [1 P.]

___

5. Was organisiert die Klasse? Wann wird die Vorstellung sein? [2 P.]

___

6. Wer ist die Frau auf dem zweiten Bild? Was unterrichtet sie? [2 P.]

___

7. Was unterrichtet die Lehrerin auf dem sechsten Bild? [1 P.]

___

8. Hat die Klasse Sport bei einem Lehrer oder bei einer Lehrerin? [1 P.]

___

VERSION | Übersetzung ___/10 P.

12 Traduis les phrases en allemand. | Übersetze die Sätze ins Deutsche.

Die einzelnen Sätze sind in Sinnabschnitte unterteilt und mit Punkten versehen, damit dir die Bewertung leichter fällt!

1. C'est la rentrée. [1 P.]

___

2. Les élèves et les surveillants [2 P.] sont dans la cour. [1 P.]

___

3. **Léonie:** Tu es Jules? [1 P.]

___

4. **Jules:** Oui. Et toi, tu t'appelles comment? [1 P.]

___

5. **Léonie:** Je m'appelle Léonie. [1 P.] Et le garçon, c'est qui? [2 P.]

___

6. **Jules:** C'est Grégoire, l'ami de Thomas. [1 P.]

___

PRODUCTION ÉCRITE | Schriftliche Produktion ___/12 P.

13 Lisa décrit le collège. Écris pour chaque image une ou deux phrases. | Lisa stellt ihrer französischen Brieffreundin sich und ihre Schule vor. Was würdest du an ihrer Stelle sagen? Schreibe zu jedem Bild einen oder zwei Sätze.

1. Sage, wie du heißt und in welcher Klasse du bist. 2 P.

_____
_____

2. Stelle die Schule vor. 2 P.

_____
_____

3. Weise auf die Lehrer auf dem Schulhof hin. 2 P.

_____
_____

4. Sage (in Ziffern), wie viele Mädchen in deiner Klasse sind. 2 P.

_____
_____

5. Stelle die beiden Mädchen vor (Vornamen, Klasse). 2 P.

_____
_____

6. Erkläre, dass Daniela die Schwester von Sara ist. Füge hinzu, dass Sara die Freundin von Laura ist. 2 P.

_____
_____

Unité 3 — Un quartier de Levallois

122 Punkte

COMPRÉHENSION DE L'ORAL | Hörverstehen

10 Punkte

1 Les interviews de Thomas. Écoute les interviews et complète. |
Thomas interviewt Mitschüler zu ihrem Viertel. Hör zu. Wo wohnen
Pauline, Grégoire und Lucas? Trage die Buchstaben in den Kästchen ein.

___ / 6 P.

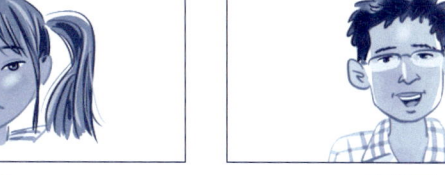

1. Pauline ☐ ☐   2. Grégoire ☐ ☐   3. Lucas ☐ ☐

a 7, avenue de l'Europe   b 2, rue du Parc   c 5, rue Gustave Eiffel

d   e   f

2 Écoute encore les interviews et coche les bonnes réponses. |
Höre die Interviews noch einmal an und kreuze die richtigen Antworten an.

___ / 4 P.

1. Léonie habite:
   a ☐ 6, avenue de l'Europe.   b ☐ 8, avenue de l'Europe.   c ☐ 10, avenue de l'Europe.

2. Léonie et Lucas rentrent:
   a ☐   b ☐   c ☐

3. Après le collège, Lucas passe par:
   a ☐ (LIBRAIRIE)   b ☐ (BOULANGERIE)   c ☐ (SUPER...)

4. Ils sont dans un club de foot, ce sont:
   a ☐ Lucas et un ami.   b ☐ Lucas et son* frère.   c ☐ Grégoire et un ami.
   d ☐ Grégoire et son* frère.

* **son** sein

Unité 3   13

COMPRÉHENSION DE L'ÉCRIT | Leseverstehen

13 Punkte

Lies dir zunächst die Aufgaben durch, damit du weißt, worauf du dich beim Lesen konzentrieren musst.

Quentin cherche un cinéma et un roller parc. | Quentin ist vor einigen Wochen nach Lyon gezogen. Du besuchst ihn. Zusammen möchtet ihr ins Kino und in einen Skatepark gehen. Deshalb fragt er Mitschüler per Instant-Messenger.

CHAT rencontres

QUENTIN	Salut Alex, tu habites où?
ALEXANDRE	J'habite rue des Arts. Et toi?
QUENTIN	5, rue du Parc. Qu'est-ce qu'il y a dans ton[1] quartier?
ALEXANDRE	Il y a un supermarché, une librairie, un cybercafé et une médiathèque.
QUENTIN	Et un cinéma?
ALEXANDRE	Ah oui, il y a aussi un cinéma, «Le Rex», dans ma[2] rue!
QUENTIN	Et un roller parc?
ALEXANDRE	Non, mais il y a un stade. Il est super aussi.
QUENTIN	Et la rue des Arts, c'est où?
ALEXANDRE	C'est près de l'avenue de l'Europe.
QUENTIN	Salut!

CHAT rencontres

QUENTIN	Salut, tu habites où?
JÉRÉMY	Avenue Gustave Eiffel. Et toi?
QUENTIN	5, rue du Parc.
JÉRÉMY	Ah, c'est à côté.
QUENTIN	Ah, c'est à côté? Cool! Je cherche un cinéma dans le quartier.
JÉRÉMY	Il y a le cinéma «Le Club» à côté de la librairie dans la rue des Étoiles. C'est près de l'avenue Gustave Eiffel.
QUENTIN	Super! Et un roller parc?
JÉRÉMY	Dans le quartier, non, mais il y a un roller parc dans la rue Claude Monet.
QUENTIN	C'est où?
JÉRÉMY	C'est la rue où il y a le collège! ☺
QUENTIN	Oh! Super! Salut!

1 **ton** deinem   2 **ma** meiner

3 Lis le texte et complète la grille. | Lies den Text und ergänze die Tabelle.   ____/10 P.

	Il habite où? (adresse)	Qu'est-ce qu'il y a dans son* quartier?
Alexandre		
Jérémy		

* **son** seinem

4 Relie les lieux ou les personnes aux bonnes rues. | Lies die Texte, S. 14, noch einmal. Suche die Adressen auf dem Stadtplan. Verbinde die Orte bzw. die Personen mit den richtigen Straßen.

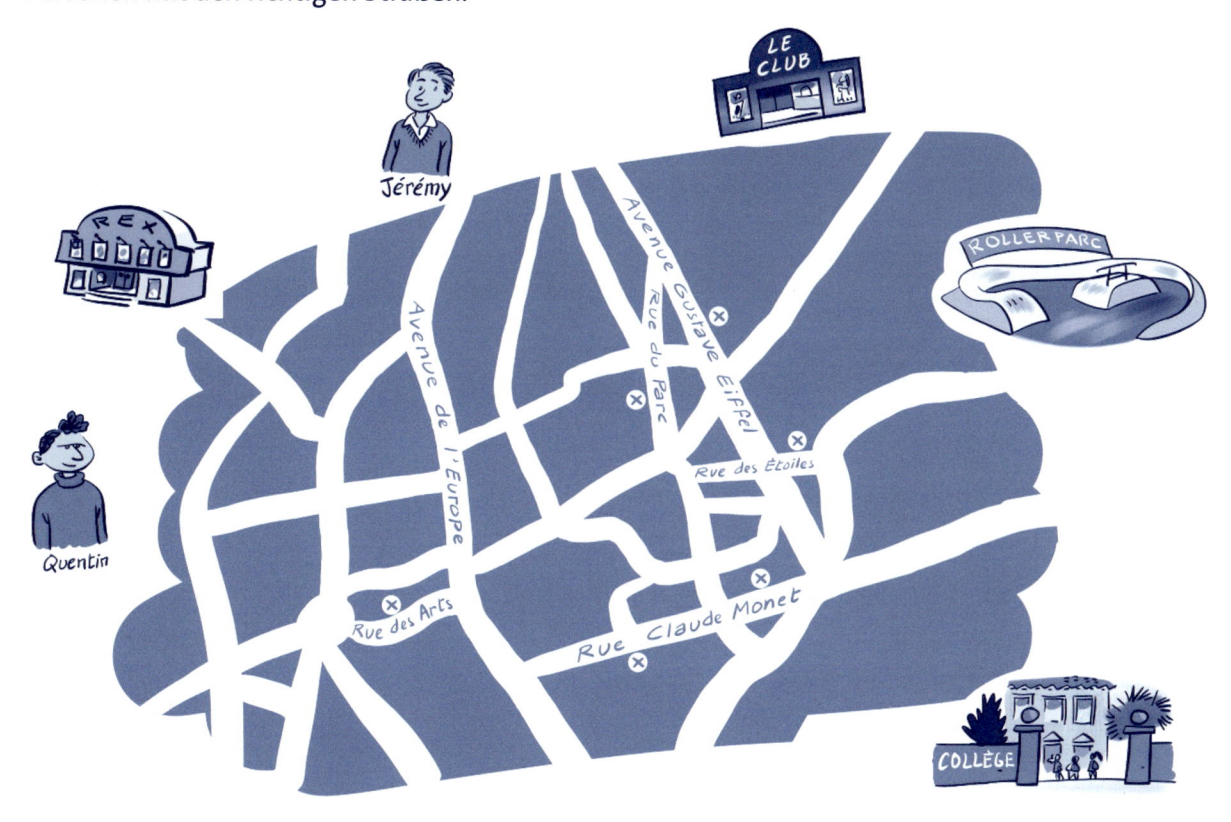

____/3 P.
(= 6 × 0,5 P.)

VOCABULAIRE | Wortschatz

27 Punkte

5 Complète les phrases par les mots suivants. Attention: il y a un mot de trop. | Vervollständige die Sätze mit folgenden Wörtern. Aufgepasst: Ein Wort bleibt übrig.

____/10 P.

aussi · et · nouvelle · moi · avec · bien sûr · toi · de · par · mais

Paul: Regarde, Jules, c'est Maëlle. Elle est _____.

Jules: Elle est d'où?

Paul: Elle est _____ Marseille. Elle habite rue Georges Pompidou.

Jules: C'est la rue _____ le cinéma?

Paul: Oui. Il y a _____ une médiathèque _____ une boulangerie.

Jules: _____, je rentre.

Paul: Je rentre avec _____. On passe _____ la médiathèque?

Jules: _____!

Unité 3   15

6 Souligne l'intrus. | Unterstreiche das Wort, das nicht in die Reihe passt. ____/5 P.

1. Paris – Eiffel – Marseille – Levallois
2. le bus – le métro – le navigo – le mur
3. le cinéma – la tour – la médiathèque – le cybercafé
4. après – sur – près de – à côté
5. le club – le foot – le stade – l'hôtel

7 Complète les champs lexicaux. | Ergänze die Wortfelder. ____/12 P.

> Vokabeln kannst du dir besser merken, wenn du sie in Wortfeldern vernetzt. Vielleicht findest du noch mehr Wörter für jeden Oberbegriff?

1. la b _ _ _ _ _ _ _ _ _ _ + la l _ _ _ _ _ _ _ _ + le p _ _ _ + le su _ _ _ _ _ _ _ _ _ ➔ le quartier

2. le g _ _ _ _ _ + la f _ _ _ _ + l'a _ _ + l'a _ _ _ ➔ les amis

3. la c _ _ _ + le p _ _ _ + l'é _ _ _ _ + le s _ _ _ _ _ _ _ _ _ _ _ t ➔ le collège

GRAMMAIRE | Grammatik   28 Punkte

8 Complète par l'article défini *le, la, les* ou l'article indéfini *un, une, des*. | Vervollständige die Sätze mit dem bestimmten Artikel *le, la, les* oder mit dem unbestimmten Artikel *un, une, des*. ____/11 P.

Dans le quartier de Maëlle, il y a ____ médiathèque, ____ boulangerie et ____ cinéma. Il y a aussi ____ tours et ____ roller parc. ____ roller parc est entre ____ tours. ____ cinéma est près de ____ boulangerie. Il y a aussi ____ stade, c'est ____ stade « Jean Jaurès ».

9 Conjugue les verbes entre parenthèses. | Léonie und Lucas gehen nach Hause. Konjugiere die Verben in Klammern. ____/11 P.

Lucas et Léonie _____ (rentrer) à pied.

Lucas: On _____ (passer) par la boulangerie?

Léonie: Oui.

Après la boulangerie …

Léonie et Lucas _____ (être) dans le parc.

Léonie: Hm! C'_____ (être) bon!

Lucas: _____ (regarder), voilà Maëlle.

Léonie: Salut Maëlle!

Maëlle: Salut!

> Wiederhole zuerst die Formen des Verbs *être* und die Endungen der Verben auf *-er*, dann löse diese Aufgabe.

Lucas: Tu _____ (rentrer)?

Maëlle: Non, je _____ (chercher) une librairie dans le quartier.

Lucas: Il y a une librairie près de la boulangerie.

Maëlle: Super. Vous _____ (habiter) où?

Léonie: Nous _____ (habiter) avenue de l'Europe. Nous _____ (être) toujours* dans le parc après le collège. Et toi?

Maëlle: Moi, j'_____ (habiter) rue Georges Pompidou. Salut!

Léonie et Lucas: Salut!

* **toujours** immer

10 Dans la cour, Thomas pose des questions. Remets les mots dans l'ordre. | Auf dem Schulhof stellt Thomas einer Mitschülerin viele Fragen. Stelle die Fragen wieder her.

_____ / 6 P.

1. appelles / comment / tu / t' / ?
   _____
   _____

2. es / Lyon / tu / de / ?
   _____

3. ta* rue / il y a / est-ce qu' / qu' / dans / ?
   _____
   _____

4. il y a / librairie / aussi / une / ?
   _____

5. est / c' / où / ?
   _____

6. cherches / qu' / tu / est-ce que / ?
   _____

* **ta** deiner

MÉDIATION | Sprachmittlung

___/13 P.

11 Sur le chemin de l'école, tu traduis pour Léonie et tes amis. | Deine französische Brieffreundin Léonie ist bei dir zu Besuch. Ihr geht zusammen mit deinen Freunden in die Schule. Du dolmetschst für Léonie.

Exemple:
Luisa: Hallo Léonie. Ich heiße Luisa. Ich wohne in dem Hochhaus nebenan.
Du: Voilà Luisa. Elle habite dans la tour à côté.

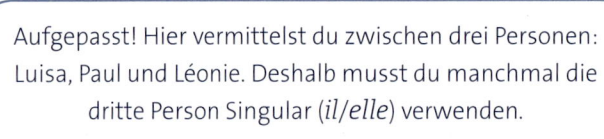

> Aufgepasst! Hier vermittelst du zwischen drei Personen: Luisa, Paul und Léonie. Deshalb musst du manchmal die dritte Person Singular (*il/elle*) verwenden.

1. **Paul:** Hallo Léonie, ich heiße Paul. ⟦1 P.⟧

   Du: _____

2. **Léonie:** Salut, moi, c'est Léonie. Et toi, tu t'appelles comment? (*à Luisa*) ⟦1 P.⟧

   Du: _____

3. **Luisa:** Ich bin Luisa, die Freundin von Paul. Wir wohnen hier nebenan. Paul wohnt zwischen der Buchhandlung und dem Internetcafé. ⟦5 P.⟧

   Du: _____
   _____

4. **Paul:** In dem Viertel gibt es auch ein Kino und sogar einen Skatepark. ⟦3 P.⟧

   Du: _____
   _____
   _____

5. **Léonie:** On rentre ensemble? ⟦1 P.⟧

   Du: _____
   _____

6. **Luisa:** Ja, klar. Und gehen wir bei der Mediathek vorbei? ⟦2 P.⟧

   Du: _____
   _____

VERSION | Übersetzung ___/12 P.

12 Traduis les phrases en allemand. | Übersetze die Sätze ins Deutsche.

> Lies zuerst alle Sätze durch, damit du weißt, worum es geht.

1. Après l'école, [1 P.] Paul et Jules rentrent à pied ensemble. [2 P.]

_____

_____

2. Qu'est-ce qu'il y a dans le quartier de Paul et Jules? [2 P.]

_____

3. Il y a un mur peint, [1 P.] un cybercafé, [1 P.] des hôtels [1 P.] et la boulangerie «Au bon croissant»*. [1 P.]

_____

_____

4. Paul habite à côté. [2 P.]

_____

5. Les croissants, c'est bon! [1 P.]

_____

* „Au bon croissant" ist ein Eigenname. Er wird nicht übersetzt.

PRODUCTION ÉCRITE | Schriftliche Produktion ___/19 P.

13 Philipp écrit un mail à son corres français Lucas. | Philipp schreibt seinem französischen Austauschpartner Lucas eine E-Mail. Er hängt auch ein Foto seines Viertels an. Schreibe die E-Mail für Philipp. Sie hat folgenden Inhalt.

1. Philipp begrüßt Lukas und fragt, wie es ihm geht. [2 P.]

_____

2. Er schreibt, dass er in der Schillerstraße[1] 8 in Kempten wohnt. Er erklärt, dass Kempten in der Nähe von München[2] liegt. [3 P.]

_____

_____

1 **Schillerstraße** la rue Schiller   2 München heißt auf Französisch „Munich".

3. Er weist auf das Foto* hin. 1 P.

_____

4. Er erzählt, was es in dem Viertel gibt und bezieht sich dabei auf das Bild. 6 P.

_____

_____

_____

_____

5. Er erklärt, dass das Mädchen im Skatepark eine Freundin ist. 3 P.

_____

_____

6. Philipp fragt, wo Lukas wohnt und was es in dem Viertel gibt. 3 P.

_____

_____

7. Er verabschiedet sich. 1 P.

_____

> Lies deinen Text noch einmal durch: Hast du an die *accents* gedacht?

* **das Foto** la photo

Unité 4 Ma famille et moi

122 Punkte

COMPRÉHENSION DE L'ORAL | Hörverstehen

10 Punkte

> Hörverstehen ist eine Übungssache. Lies dir die Aufgabenstellung vor dem Hören gründlich durch, damit du weißt, worauf du dich konzentrieren musst.

1 Au camping de Sisteron. Écoute le dialogue. Quelles images correspondent à Pauline et à Julian? | Pauline lernt auf dem Campingplatz von Sisteron Julian kennen. Höre den Dialog an. Welche Bilder passen zu Pauline und welche zu Julian? Schreibe P für „Pauline" oder J für „Julian" auf.   ___/5 P.

1.   2.   3.   4.

2 Écoute le dialogue encore une fois et coche les bonnes réponses. | Höre den Dialog noch einmal an und kreuze die richtigen Antworten an.   ___/5 P.

1. Pauline est à Sisteron avec:
   a   b   c

2. Julian habite avec:
   a   b   c

3. Julian a:
   a ☐ un chien et un chat.   b ☐ un chien, un chat et une perruche.
   c ☐ un chat et deux cochons d'Inde.

4. Le père de Julian a:
   a ☐ un chat.   b ☐ une perruche.   c ☐ un chien.

5. Elle parle bien allemand, c'est:
   a ☐ Pauline.   b ☐ La grand-mère de Pauline.   c ☐ La tante de Pauline.

Unité 4   21

COMPRÉHENSION DE L'ÉCRIT | Leseverstehen

11 Punkte

Tu cherches un/e correspondant/e et tu lis l'annonce de Théo. | Du suchst eine/n französische/n Brieffreund/in und hast gerade die Anzeige von Théo im Internet gefunden.

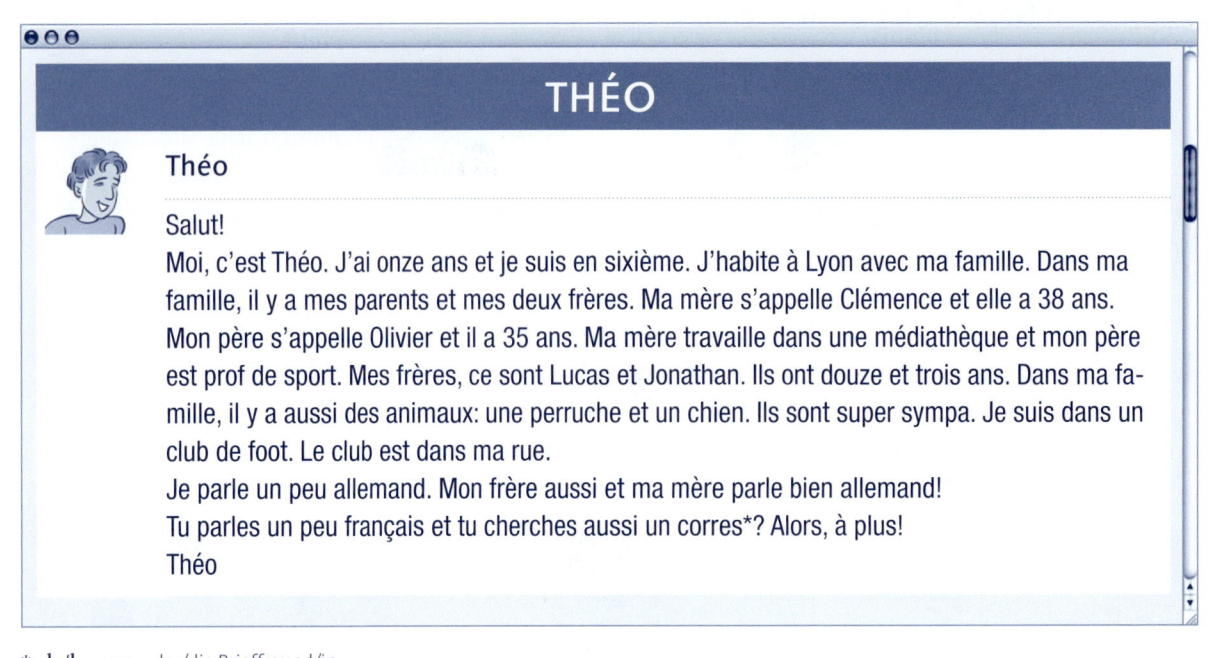

THÉO

Théo

Salut!
Moi, c'est Théo. J'ai onze ans et je suis en sixième. J'habite à Lyon avec ma famille. Dans ma famille, il y a mes parents et mes deux frères. Ma mère s'appelle Clémence et elle a 38 ans. Mon père s'appelle Olivier et il a 35 ans. Ma mère travaille dans une médiathèque et mon père est prof de sport. Mes frères, ce sont Lucas et Jonathan. Ils ont douze et trois ans. Dans ma famille, il y a aussi des animaux: une perruche et un chien. Ils sont super sympa. Je suis dans un club de foot. Le club est dans ma rue.
Je parle un peu allemand. Mon frère aussi et ma mère parle bien allemand!
Tu parles un peu français et tu cherches aussi un corres*? Alors, à plus!
Théo

* le/la corres der/die Brieffreund/in

3 Corrige les phrases. | Du liest deinem Cousin Théos Vorstellung vor. Er versteht aber nicht alles. Streiche den Fehler in jedem Satz durch und korrigiere ihn als Stichwort.   ___/6 P.

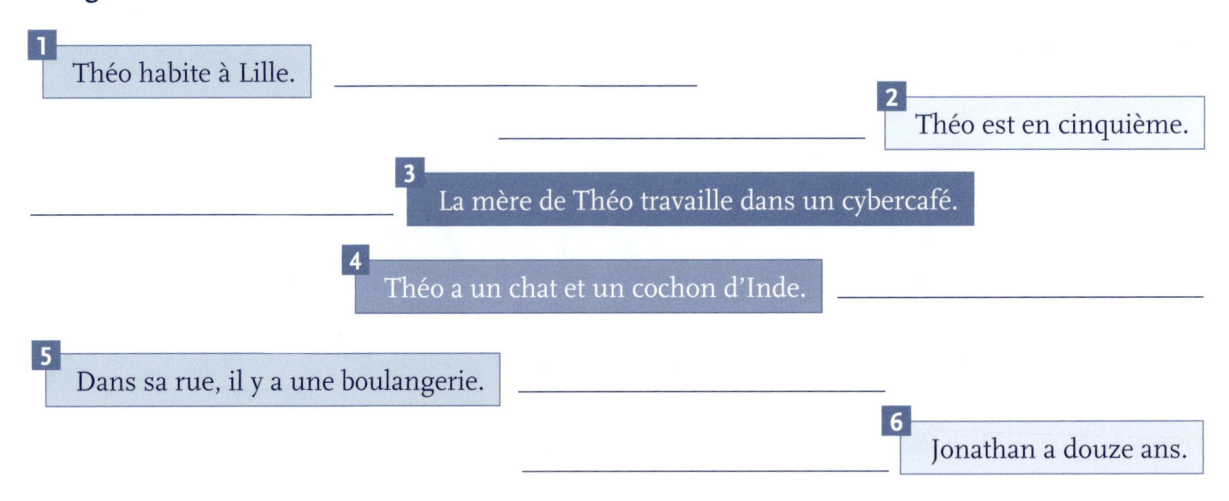

1. Théo habite à Lille. _____
2. _____ Théo est en cinquième.
3. _____ La mère de Théo travaille dans un cybercafé.
4. _____ Théo a un chat et un cochon d'Inde. _____
5. Dans sa rue, il y a une boulangerie. _____
6. _____ Jonathan a douze ans.

4 Lis le texte encore une fois et trouve qui c'est. | Lies den Text noch einmal und schreibe auf, wer gemeint ist.   ___/5 P.

1. Il s'appelle Lucas. C'est _____ de Théo.

2. Elle parle bien allemand. C'est _____ de Théo.

3. Il est prof de sport. C'est _____ de Théo.

4. Ils sont sympa. Ce sont _____ de Théo.

5. Il cherche un correspondant. C'est _____ .

Unité 4

VOCABULAIRE | Wortschatz

22 Punkte

5 Regarde l'arbre généalogique et complète les phrases. | Schau dir den Stammbaum an und vervollständige die Sätze.

____ / 6 P.

Henri — Yvette

Annie — Yves

Florian   Lucie

1. Henri et Yvette sont les _____ de Florian et Lucie.

2. Yvette est la _____ de Florian et Lucie.

3. Yves est le _____ de Florian et Lucie.

4. Florian et Lucie sont les _____ d'Yves et Annie.

5. Lucie est la _____ de Florian.

6. Et Florian, c'est le _____ d'Yves et Annie.

6 Complète. Trouve le mot solution, écris-le et traduis-le. | Vervollständige. Finde das Lösungswort, schreibe es auf und übersetze es.

____ / 9 P.

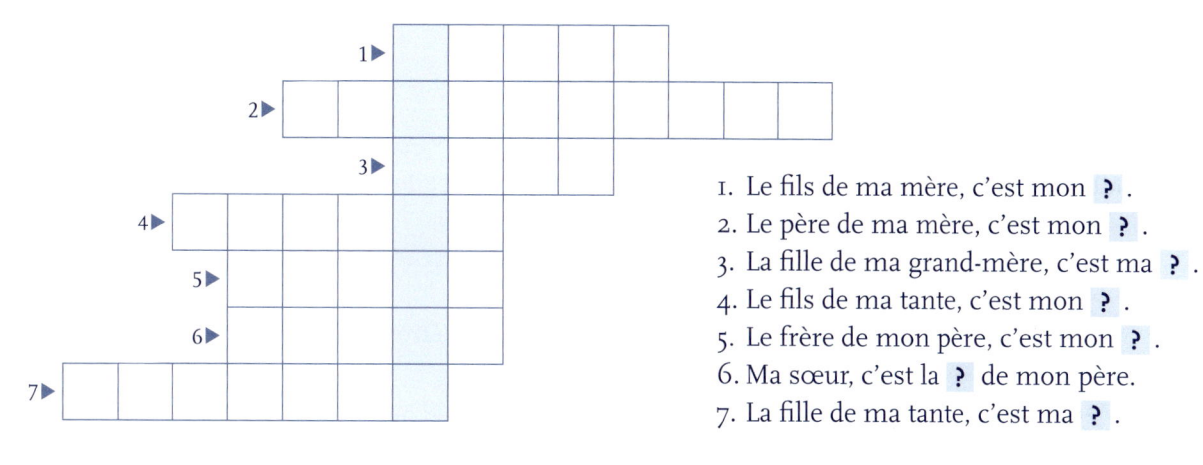

1. Le fils de ma mère, c'est mon ? .
2. Le père de ma mère, c'est mon ? .
3. La fille de ma grand-mère, c'est ma ? .
4. Le fils de ma tante, c'est mon ? .
5. Le frère de mon père, c'est mon ? .
6. Ma sœur, c'est la ? de mon père.
7. La fille de ma tante, c'est ma ? .

Le mot solution* est _____ (= _____).

* le mot solution   das Lösungswort

Unité 4

7 Écris les résultats en toutes lettres. | Schreibe das Ergebnis aus. ____/7 P.

1. trois + cinq = _____
2. neuf + dix = _____
3. neuf + deux = _____
4. dix + quatre = _____
5. dix + dix = _____
6. neuf + six = _____
7. neuf + sept = _____

GRAMMAIRE | Grammatik

26 Punkte

8 Conjugue les verbes entre parenthèses. | Lucas interviewt Maëlle. ____/14 P.
Konjugiere die Verben in Klammern.

Lucas: Salut! Ta famille et toi, vous _____ (être) de Lyon?

Maëlle: Non, nous _____ (être) de Marseille mais nous _____

(habiter) à Lyon.

Lucas: Tu _____ (avoir) des frères et sœurs?

Maëlle: Oui, j'_____ (avoir) un frère. Il _____ (avoir) onze ans.

Lucas: Tes parents _____ (avoir) quel âge?

Maëlle: 45 ans.

Lucas: Vous _____ (avoir) des animaux?

Maëlle: Oui. Nous _____ (avoir) un chien et deux perruches. Mais le chien,

c'_____ (être) le chien de mon frère.

Lucas: Tes copains et tes copines, c'_____ (être) qui?

Maëlle: Sandra et Alexandre. Ils _____ (être) super sympa.

Lucas: Tu _____ (parler) allemand?

Maëlle: Oui, je _____ (parler) un peu allemand.

9 Complète les phrases par *mon/ma/mes*, *ton/ta/tes* ou *son/sa/ses*. | Jules stellt dir seine Familie und seine Freundin vor. Ergänze die Sätze mit *mon*, *ma*, *mes*, *ton*, *ta*, *tes*, *son*, *sa* oder *ses*. ___/12 P.

1. Voilà ____ famille: ____ père, ____ mère, ____ sœur et ____ frères.

   Moi, je suis avec ____ perruches. Regarde mon frère Luc: il est avec s____ chat.

2. Voilà ____ amie Sandra.

3. Et toi, ____ frères et sœurs s'appellent comment?

4. ____ mère et ____ père ont quel âge?

5. ____ copains s'appellent comment?

> Denke daran, dass sich die Possessivpronomen nach dem Nomen richten, vor dem sie stehen!

MÉDIATION | Sprachmittlung ___/15 P.

10 Les fiches d'identité de deux acteurs de la série GZSZ. | Deine französische Freundin Aude hat sich in Deutschland für die Fernsehserie GZSZ begeistert. Sie bittet dich, ihr die Informationen über beide Schauspieler auf Französisch mitzuteilen. Schreibe in ganzen Sätzen.

Name: Jörn Schlönvoigt 1 P.
Name in „GZSZ": Philipp Höfer 1 P.
(Emilys Bruder) 1 P.
Alter: 25 Jahre 1 P.
Wohnort: Berlin 1 P.
Geschwister: eine Schwester (Chantal) 1 P.
Freundin: Sila Sahin 1 P.
Tiere: eine Katze 1 P.

Unité 4   25

Name: Anne Menden [1 P.]
Name in „GZSZ": Emily Höfer [1 P.]
Alter: 26 Jahre [1 P.]
Wohnort: Berlin [1 P.]
Geschwister: eine Schwester (Angela) [1 P.]
Tiere: ein Hund und einen Wellensittich [2 P.]

VERSION | Übersetzung   ___/16 P.

> Überfliege den Text und wiederhole die Vokabeln, wenn du sie nicht mehr weißt.

11 Traduis les phrases en allemand. | Übersetze die Sätze ins Deutsche.

1. Le père de Théo est prof de sport. [2 P.]

2. Il est dans le collège [1 P.] et il parle avec ses élèves. [2 P.]

3. Ils ont quel âge? [2 P.]

4. Ils sont en cinquième, [1 P.] alors ils ont treize ans. [2 P.]

5. **Le père de Théo:** Vous avez des questions? [2 P.] ... Mais un élève chante, c'est qui? [2 P.]

6. **Robin:** Zut! C'est ma perruche! [2 P.]

26 Unité 4

PRODUCTION ÉCRITE | Schriftliche Produktion   ___/22 P.

12 Felix écrit un mail à son corres Grégoire. | Felix möchte seinem französischen Austauschpartner Grégoire sich vorstellen. Damit er nichts vergisst, hat er sich Notizen gemacht. Hilf ihm, seine E-Mail auf Französisch zu verfassen.

- Alter: 13
- Wohnort: Bonn
- Mutter: Martina / Buchhandlung
- Großmutter: wohnt nebenan
- Schwestern: Franziska: 10, Isabell: 14
- Tiere: 1 Katze / 2 Wellensittiche
- Freunde: Philipp und Julian

1. Felix schreibt eine Anrede. [1 P.]

   _____

2. Er schreibt, wie alt er ist. [2 P.]

   _____

3. Er erklärt, wo er mit seiner Mutter und seinen Schwestern wohnt. [3 P.]

   _____

4. Er schreibt, wo seine Großmutter wohnt. [2 P.]

   _____

5. Er schreibt, wie seine Mutter heißt und wo sie arbeitet. [3 P.]

   _____

6. Er erklärt, wie seine Schwestern heißen und wie alt sie sind. [3 P.]

   _____

7. Er sagt, welche Tiere sie haben. [3 P.]

   _____

8. Er schreibt, wie seine Freunde heißen. [2 P.]

   _____

9. Er fragt Grégoire, ob er ein bisschen Deutsch spricht. [2 P.]

   _____

10. Er verabschiedet sich. [1 P.]

    _____

Unité 5 Chez les Fournier

136 Punkte

COMPRÉHENSION DE L'ORAL | Hörverstehen

10 Punkte

💡 Im Hörtext: **merci** danke

1 Elle est comment, ta chambre? Écoute la première interview et retrouve la chambre de Théo. | Ein Journalist befragt Jugendliche zu ihren Zimmern. Hör dir das erste Interview an. Welches Bild stellt Théos Zimmer dar?

___/1 P.

2 Écoute l'interview encore une fois et complète les phrases. | Höre das Interview noch einmal an und vervollständige die Sätze.

___/3 P.

1. La chambre de Théo est à côté _____.

2. Il y a un ordinateur dans _____.

3. Théo travaille _____ dans sa chambre.

3 Écoute la deuxième interview et coche les bonnes réponses. | Hör dir das zweite Interview an und kreuze die richtigen Antworten an.

___/6 P.

1. La chambre de Léonie est:
   a ☐ à côté de la chambre de ses parents.
   b ☐ entre la chambre de ses parents et la cuisine.
   c ☐ entre la chambre de ses parents et la salle de bains.

2. Dans la chambre de Léonie, il y a:
   a ☐ un lit.
   b ☐ deux lits.

3. Léonie a deux bureaux dans sa chambre.
   a ☐ Vrai.
   b ☐ Faux.

4. Dans la chambre de Léonie, il y a:
   a ☐   b ☐   c ☐

5. Le miroir de Léonie est:
   a ☐   b ☐   c ☐

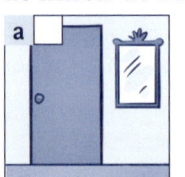

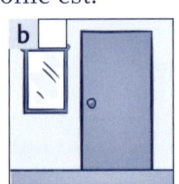

6. Dans sa chambre, Léonie:
   a ☐   b ☐   c ☐

COMPRÉHENSION DE L'ÉCRIT | Leseverstehen

13 Punkte

Maëlle Dupas a envoyé des photos de son appartement à sa correspondante Franziska. |
Mäelle Dupas hat ihrer Austauschpartnerin Franziska Bilder ihrer Wohnung geschickt.

C'est ma chambre. Elle est à côté de la chambre d'amis. Regarde: sur l'étagère, il y a une boîte avec des photos de mes copines et même une photo de toi! ☺ Sur le bureau, c'est mon ordinateur mais c'est aussi l'ordinateur de mon frère! ☹ Sur le mur, il y a des posters de Lady Gaga et David Guetta. Je chante souvent devant mon miroir, et toi?

Voilà le salon, entre la cuisine et la chambre de mes parents. Regarde, à gauche, ce sont mes perruches. Elles sont sympa. Maman et Paul sont là aussi. Paul regarde un DVD et maman lit[1] un livre, comme souvent.
La chambre de Paul est à côté de la chambre de mes parents. À droite de son lit, Paul a deux consoles! Son chien Bigorre a un «lit» dans le couloir.

Là, c'est la cuisine. Elle est à côté du salon. Regarde, c'est moi. Je fais la cuisine[2].
La chambre de mes parents est entre le salon et la chambre de Paul.
Il y a aussi une «chambre d'amis»: la chambre des amis de la famille, des cousins, des cousines, etc. Alors, la chambre d'amis est aussi ta chambre. Elle est entre la salle de bains et ma chambre.
Et la salle de bains est entre la chambre d'amis et la cuisine.

1 **il/elle lit** er/sie liest   2 **je fais la cuisine** ich koche

4   Lis le texte. Quel plan représente l'appartement des Dupas? |
Lies den Text und vergleiche ihn mit folgenden Grundrissen. Welcher ist
der Grundriss von der Wohnung der Familie Dupas? Kreuze ihn an.

____/1 P.

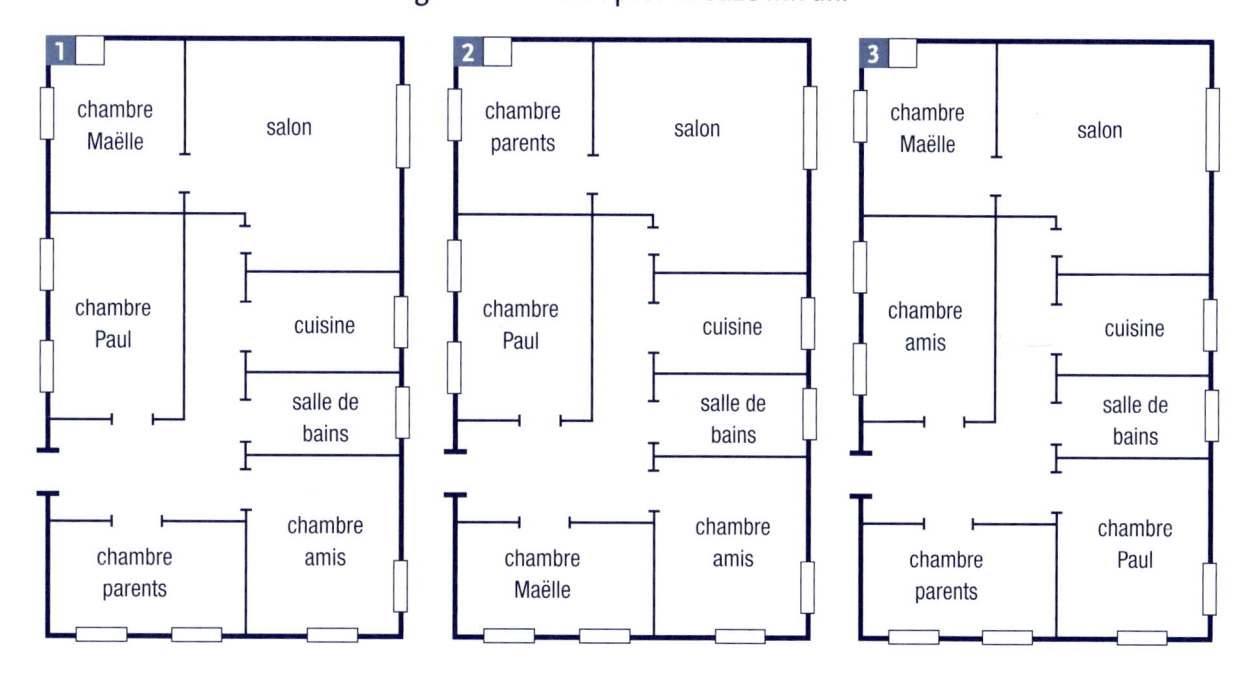

1
- chambre Maëlle
- salon
- chambre Paul
- cuisine
- salle de bains
- chambre parents
- chambre amis

2
- chambre parents
- salon
- chambre Paul
- cuisine
- salle de bains
- chambre Maëlle
- chambre amis

3
- chambre Maëlle
- salon
- chambre amis
- cuisine
- salle de bains
- chambre parents
- chambre Paul

5 Relis le texte. Coche la bonne réponse et justifie par une phrase du texte. | Lies den Text noch einmal und kreuze die richtige Antwort an. Begründe deine Antwort mit einem Satz aus dem Text.

___/12 P.
(= 6 x 2 P.)

	Vrai	Faux
1. Paul a un ordinateur dans sa chambre.	☐	☐

Justification[1]: _____

| 2. Le chien de Monsieur Dupas s'appelle Bigorre. | ☐ | ☐ |

Justification: _____

| 3. Maëlle a des photos de Franziska et de ses copines dans sa chambre. | ☐ | ☐ |

Justification: _____

| 4. Franziska va dormir[2] dans la chambre de Maëlle. | ☐ | ☐ |

Justification: _____

| 5. Madame Dupas lit souvent des livres. | ☐ | ☐ |

Justification: _____

| 6. La console de Paul est dans le salon. | ☐ | ☐ |

Justification: _____

1 **la justification** die Begründung
2 **va dormir** wird übernachten

VOCABULAIRE | Wortschatz

29 Punkte

6 Relie les mots qui vont ensemble. | Verbinde die zusammenpassenden Wörter.

___/7 P.

la porte **1**	**a** l'âge
le bureau **2**	**b** le DVD
la médiathèque **3**	**c** le sac de sport
le stade **4**	**d** la clé
le nom **5**	**e** le fils
le métro **6**	**f** l'ordinateur
la fille **7**	**g** le bus

Ordne Vokabeln in Wortpaaren. So merkst du sie dir besser!

7 Regarde les images et complète les phrases. | ____/10 P.
Schau dir die Bilder an und vervollständige die Sätze.

1. Francis est _____ la porte.

2. Francis est _____ l'_____.

3. Francis est _____ la _____.

4. Francis est _____ les ordinateurs.

5. Francis est _____ _____ ordinateur.

6. Francis est _____ le _____.

8 Complète les champs lexicaux. | Ergänze die Wortfelder. ____/12 P.

1. une a _ _ _ _ _ _ + un l _ _ + un bu _ _ _ _ _ + une ch _ _ _ _ _
   → des meubles* dans une chambre

2. la gr _ _ _ - _ _ _ _ _ + le _ _ _ _ _ _ - p _ _ _ + les pa _ _ _ _ _ _ + les en _ _ _ _ _ _
   → la famille

3. la c _ _ _ _ _ _ _ + le s _ _ _ _ _ + la s _ _ _ _ _ de _ _ _ _ _ _ + le c _ _ _ _ _ _ r
   → l'appartement

* **le meuble** das Möbel

Unité 5   31

GRAMMAIRE | Grammatik

30 Punkte

9 Complète les phrases par la bonne forme verbale. | Vervollständige die Sätze mit der richtigen Verbform.

____/10 P.

David: Papa, Grégoire _____ est / es dans sa chambre?

Le père: Non, il est chez son copain Thomas. Tu _____ a / as une question?

David: Oui, je _____ cherchent / cherche mes mangas.

Le père: Ils _____ ont / sont sur ton bureau, comme toujours … Grégoire et toi, vous _____ avez / avons cours à neuf heures demain*?

David: Oui.

Le père: Et toi, tu _____ rentre / rentres à cinq heures?

David: Oui, comme toujours!

Le père: Alors demain, nous _____ mangeons / mangons à sept heures. Après, je _____ es / suis au club de foot.

David: Ok.

Le père: On _____ regardent / regarde un film ensemble?

David: Oui, super! J'_____ ai / a un film dans mon sac.

* **demain** morgen

10 Complète les phrases par *du, de l', de la* ou *des*. | Ergänze die Sätze mit *du, de l', de la* oder *des*.

____/7 P.

Chez les Fleurot, les chambres _____ garçons sont entre le salon et la cuisine.

La chambre de Lucas est à côté _____ chambre de Théo.

Dans la chambre de Lucas, il y a une armoire. À côté _____ armoire, il y a le lit, et à côté _____ lit, il y a le lit _____ chien! À droite _____ porte, il y a le VTT de Lucas, et à gauche _____ étagères, il y a un bureau, une chaise, des livres et, bien sûr, une console.

> Weißt du noch?
> de + le = du
> de + les = des

11 Trouve la question qui correspond à la réponse. | Bei den Dupas haben alle Fragen. Finde die passende Frage zur angegebenen Antwort.   ___/8 P.

1. **Maëlle:** _____? 2 P.
   Paul: Ton livre? Il est sur le bureau.

2. **Madame Dupas:** _____? 1 P.
   Monsieur Dupas: Les clés? Elles sont dans le salon.

3. **Maëlle:** _____ dans la salle de bains? 1 P.
   Madame Dupas: Papa.

4. **Paul:** _____? 2 P.
   Monsieur Dupas: Maman? Elle regarde un film avec Brad Pitt.

5. **Paul:** _____? 2 P.
   Maëlle: Sous mon lit? Il y a une boîte avec des photos.

12 Complète les phrases par les verbes suivants à l'impératif. | Vervollständige die Sätze mit folgenden Verben. Verwende dabei den Imperativ.   ___/5 P.

dépêcher   manger   ranger   regarder (2 x)

1 _____, c'est bon!

2 Les garçons, _____ la chambre!

3 Jules, _____-toi!

4 _____, c'est Julian, mon copain de Berlin.

5 _____ le texte ensemble!

MÉDIATION | Sprachmittlung

____/15 P.

13 Dans une auberge de jeunesse, tu aides un groupe français. | Du bist in einer Jugendherberge in Stuttgart. Dort triffst du eine Gruppe von französischen Jugendlichen, die kein Deutsch versteht. Schau dir den Grundriss an und beantworte ihre Fragen auf Französisch. Schreibe in ganzen Sätzen.

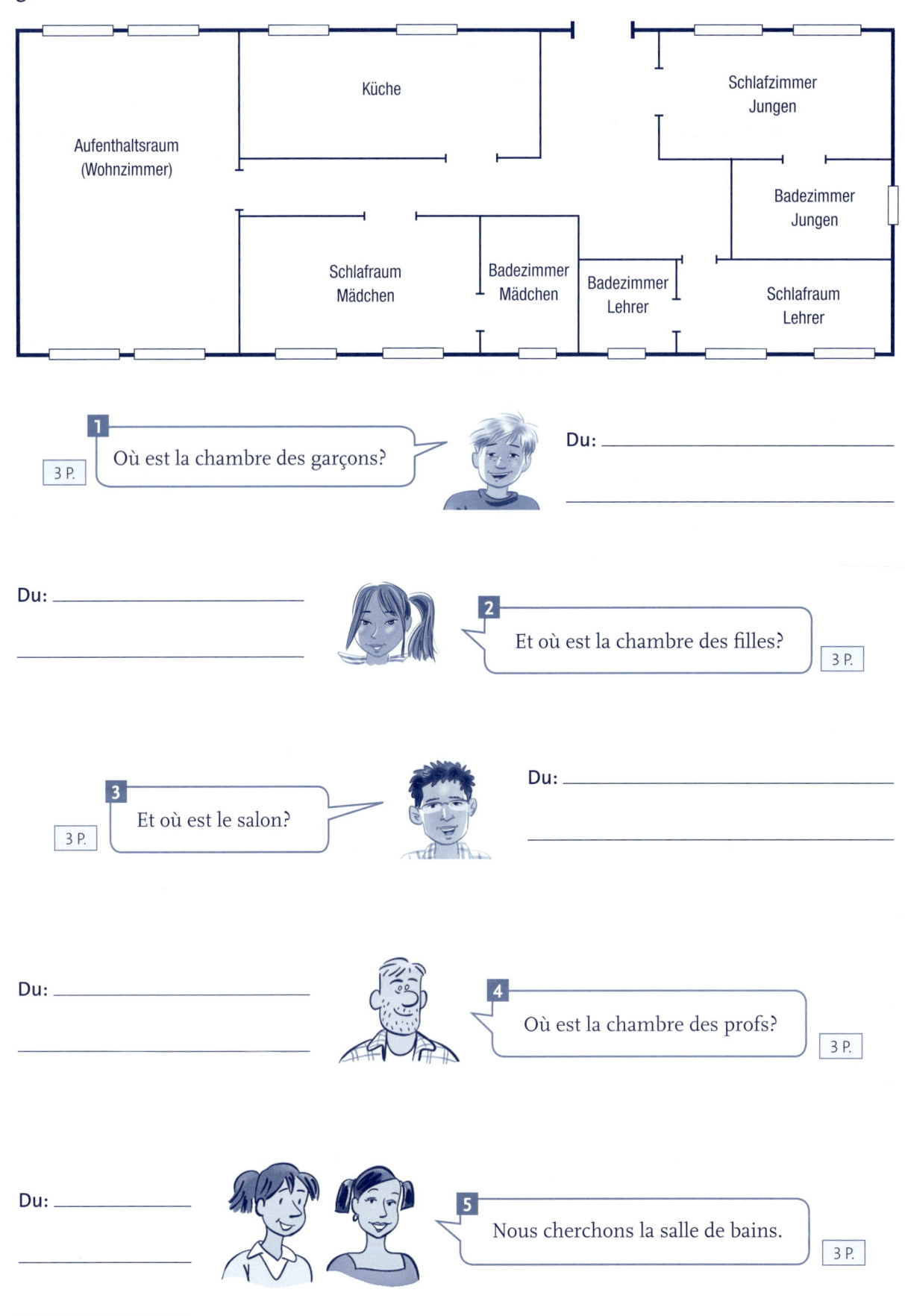

[Grundriss der Jugendherberge mit folgenden Räumen: Aufenthaltsraum (Wohnzimmer), Küche, Schlafzimmer Jungen, Badezimmer Jungen, Schlafraum Mädchen, Badezimmer Mädchen, Badezimmer Lehrer, Schlafraum Lehrer]

1 Où est la chambre des garçons? — 3 P.
Du: _____

2 Et où est la chambre des filles? — 3 P.
Du: _____

3 Et où est le salon? — 3 P.
Du: _____

4 Où est la chambre des profs? — 3 P.
Du: _____

5 Nous cherchons la salle de bains. — 3 P.
Du: _____

34 Unité 5

VERSION | Übersetzung

____/16 P.

14 Traduis les phrases en allemand. | Übersetze die Sätze ins Deutsche.

1. Lucas est dans sa chambre devant sa console. 2 P.

_____

2. **Monsieur Fleurot:** Lucas, dépêche-toi. 1 P. Tu as cours à neuf heures. 2 P.

_____

3. **Lucas:** Papa, où est ma clé? 1 P.

_____

4. **Monsieur Fleurot:** Tu cherches toujours ta clé. 2 P. Regarde dans ton sac de sport. 2 P.

_____

5. **Lucas:** Où est mon sac de sport? 1 P.

_____

6. **Monsieur Fleurot:** Dans le couloir, comme toujours. 2 P.

_____

7. **Théo:** Lucas, regarde. 1 P. Ta clé est derrière la boîte sur l'étagère. 2 P.

_____

PRODUCTION ÉCRITE | Schriftliche Produktion

____/23 P.

15 Laurine envoie un mail avec une photo de sa chambre à sa copine. | Laurine schickt ihrer Freundin Pauline eine E-Mail mit einem Foto ihres Zimmers. Schreibe die E-Mail für sie.

1. Laurine begrüßt Pauline und fragt, wie es ihr geht. 2 P.

_____

2. Sie weist auf das Foto von ihrem Zimmer hin. 2 P.

_____

3. Sie schreibt, dass sie mit ihrer Schwester Camille ein Zimmer hat. 2 P.

_____

Unité 5

4. Sie fügt hinzu, dass sie oft auf ihrem Bett zusammen sprechen. 2 P.

___

5. Sie beschreibt, wo sich die Tasche, der MP3-Player, der Spiegel, das Poster, der Computer, die Mangas und die Katze befinden. Sie bezieht sich dabei auf das Bild (unten). 7 P.

___

___

___

___

6. Sie fragt, was (wohl) in der Schachtel unter dem Schrank ist. 3 P.

___

7. Sie sagt, das es Fotos von ihren Freunden sind. 2 P.

___

8. Sie fragt, was es (alles) in Paulines Zimmer gibt. 2 P.

___

9. Sie verabschiedet sich. 1 P.

___

> Lies deinen Text noch einmal durch: Hast du den Artikel verkürzt, wo es nötig war? z. B.: „*l'armoire*"

36　Unité 5

Unité 6 C'est la fête!

120 Punkte

COMPRÉHENSION DE L'ORAL | Hörverstehen

___/9 P.

💡 Im Hörtext: **tu achètes** du kaufst

🎧 **1** Une fête pour Léonie. Écoute le dialogue deux fois et coche la bonne réponse ou complète. | Pauline und Lucas sprechen über Léonies Geburtstag. Hör dir das Gespräch zweimal an und kreuze die richtige Antwort an bzw. ergänze den Satz.

1. L'anniversaire de Léonie, c'est le:
   a ☐ 13.06.   b ☐ 16.06.   c ☐ 30.06.

2. La fête est chez:
   a ☐ Léonie.   b ☐ Pauline.   c ☐ Lucas.

3. La fête est:
   a ☐ jeudi.   b ☐ vendredi.   c ☐ samedi.

4. Lucas et Pauline invitent:
   a ☐ les filles et les garçons de la cinquième A.
   b ☐ les garçons de la cinquième B.
   c ☐ les filles et les garçons de la cinquième B.

5. Lucas et Pauline invitent aussi:
   a ☐   b ☐   c ☐

6. Le cadeau, c'est:
   a ☐   b ☐   c ☐

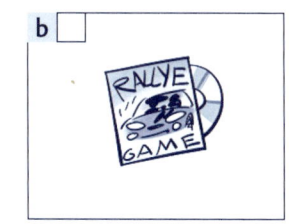

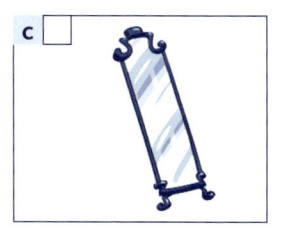

7. Pauline cherche le cadeau avec _____.

8. Lucas fait des gâteaux avec sa _____.

9. Les copains et les copines apportent:
   a ☐   b ☐   c ☐

> Hörverstehen ist eine Übungssache. Konzentriere dich nur auf das, was du heraushören sollst.

COMPRÉHENSION DE L'ÉCRIT | Leseverstehen

14 Punkte

C'est la fête chez les Dupas! Maëlle a envoyé un mail à sa correspondante Franziska. | Heute ist ein spannender Tag bei der Familie Dupas. Maëlle erzählt ihrer Austauschpartnerin Franziska in einer E-Mail davon.

À: ‹Franziska›

Salut Franziska!

Wie geht's? Moi, ça va. Ce soir, nous organisons une fête-surprise pour l'anniversaire de mon père (40 ans!). «Nous», c'est ma mère, Paul et moi, mes grands-parents (les parents de papa), la sœur de mon père avec son copain et le frère de maman. Paul est dans la cuisine avec maman: ils font un gâteau. Hm! Moi, je suis dans ma chambre et je fais mes devoirs … ☺ Mais après, je voudrais faire une salade avec Paul. Papa est à la médiathèque et cherche des bédés et des livres, comme souvent. Ah, papa avec ses livres et ses bédés!

Nous avons deux cadeaux super: un portable (c'est le cadeau de maman) et Paul et moi, on a une étagère pour ses bédés. Mes grands-parents, ma tante, son copain et mon oncle arrivent à 19 heures. Ils ont aussi un cadeau (c'est une surprise) et mon grand-père apporte un poulet*!

Et toi, qu'est-ce que tu fais ce soir? Est-ce que vous faites aussi des fêtes pour les anniversaires dans ta famille? Et qu'est-ce que tu fais samedi soir? Moi, je suis chez ma copine Sandra.

Salut!
Maëlle

> Lies die Aufgabenstellung mehrmals durch und schau dir die Bilder genau an, damit du weißt, worauf du dich beim Lesen konzentrieren musst.

* le poulet   das Hähnchen

---

2 Lis le mail et complète ou coche la bonne réponse. | Lies die E-Mail und ergänze den Satz bzw. kreuze die richtige Antwort an.

___/14 P.

1. Ce soir, c'est l'anniversaire du _____.

2. Qui arrive à 19 heures? Coche.

3. Ce soir, ils mangent:
a ☐ b ☐ c ☐

4. Qui fait le gâteau?
a ☐ b ☐ c ☐

5. Le père de Maëlle est:
a ☐ b ☐ c ☐

6. Il rentre à:
a ☐ b ☐ c ☐

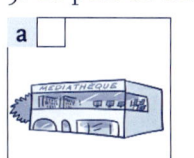

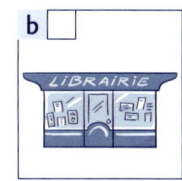

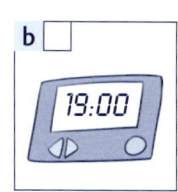

7. Les cadeaux, ce sont (trois réponses*):
a ☐ b ☐ c ☐ d ☐ e ☐ f ☐

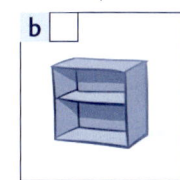

8. Maëlle est chez sa copine _____ soir.

* **la réponse** die Antwort

VOCABULAIRE | Wortschatz

20 Punkte

____/10 P.

3 Complète les phrases par les mots suivants. |
Vervollständige die Sätze mit folgenden Wörtern.

| sur | qui | mais | dans | et | déjà | comme | bien sûr | avec | quand |

1. _____ toujours, Maëlle fête son anniversaire _____ sa famille _____ ses amis.

2. Son amie Sandra est _____ là.

3. Et Alexandre, il arrive _____ ?

4. Maëlle fait son numéro _____ son portable.

5. _____ , qu'est-ce que c'est?

6. Son frère Paul et Alexandre sont _____ la cuisine!

7. Ils préparent un gâteau. Et le gâteau est pour _____ ?

8. Pour Maëlle, _____ !

Unité 6   39

4 Note les mots avec l'article indéfini. | Notiere die Wörter mit dem unbestimmten Artikel im Singular oder im Plural.   ___/6 P.

1. _____
2. _____
3. _____
4. _____
5. _____
6. _____

5 Souligne l'intrus. | Unterstreiche den „Eindringling" (= das Wort, das nicht in die Reihe passt).   ___/4 P.

1. toujours – sous – souvent – après
2. la fête – la surprise – la clé – le gâteau
3. la chaise – l'armoire – le miroir – le cours
4. le surveillant – l'enfant – les parents – la sœur

GRAMMAIRE | Grammatik   28 Punkte

6 Conjugue les verbes entre parenthèses. | Pauline und Léonie machen Pläne für Lucas' Geburtstag. Konjugiere die Verben in Klammern.   ___/12 P.

Léonie et sa copine Pauline _____ (faire) les devoirs et elles

_____ (parler) aussi ensemble.

Pauline: Léonie, tu _____ (avoir) une idée pour l'anniversaire de Lucas?

Léonie: Hm ... On _____ (faire) une fête-surprise chez moi?

Pauline: Chez toi? Et tes parents?

Léonie: Mes parents? Ils _____ (être) toujours d'accord.

Pauline: Et nous _____ (faire) la fête quand?

Léonie: Samedi, à 15 heures?

Pauline: Cool! Tu _____ (inviter) les filles et les garçons de la cinquième B?

Léonie: Oui. Et nous _____ (manger) des salades et un gâteau?

Pauline: Oui, d'accord. Moi, je _____ (faire) les salades. Et ta mère et toi, vous _____ (faire) un gâteau?

Léonie: Super! Et qui _____ (chercher) un cadeau?

Pauline: Moi! J'_____ (avoir) déjà une idée.

Léonie: Des baskets?!

7 Remets les mots dans l'ordre. | Stelle die Fragen wieder her. ___/8 P.

1. **David:** es | tu | sixième | est-ce que | en | ?

   _____

   Paul: Oui.

2. **David:** animaux | est-ce que | as | tu | des | ?

   _____

   Paul: Oui, j'ai un chien.

3. **David:** âge | quel | tu | as | ?

   _____

   Paul: J'ai onze ans.

4. **David:** habites | où | tu | ?

   _____

   Paul: Entre la librairie et le cybercafé.

5. **David:** anniversaire | c' | ton | quand | est | ?

   _____

   Paul: C'est le 22 novembre.

6. **David:** une | organises | est-ce que | fête | tu | ?

   _____

   Paul: Non, mes parents ne sont pas d'accord.

7. **David:** tu | soir | fais | qu'est-ce que | ce | ?

   _____

   Paul: Je fais mes devoirs.

8. **David:** quand | rentres | tu | ?

   _____

   Paul: Je rentre à 17 heures.

8 Complète les phrases. Utilise *ne ... pas*. | Vervollständige die Sätze. Verwende *ne ... pas*.

___/8 P.
(= 4 x 2 P.)

1. **Pauline:** Léonie, est-ce que tu écoutes ton lecteur mp3?

   Léonie: Non, je _____ mon lecteur mp3. Je regarde un DVD.

   Pauline: C'est le DVD de Lucas?

   Léonie: Non, ce _____ le DVD de Lucas. C'est le DVD de mon cousin.

2. **Monsieur Fleurot:** Les garçons, vous faites le gâteau pour maman?

   Lucas: Non, nous _____ le gâteau pour maman. Nous rangeons le salon.

   Monsieur Fleurot: Et vous faites le gâteau quand?

   Lucas: Après*. Mais papa, tu as les bougies?

   Monsieur Fleurot: Non, je _____ les bougies. Mais je passe

   par le supermarché après le foot.

   * après danach

MÉDIATION | Sprachmittlung

___/16 P.

9 L'invitation de Luisa. | Dein französischer Austauschpartner ist bei dir zu Besuch, als du eine Geburtstagseinladung bekommst. Er stellt dir Fragen. Antworte auf Französisch in ganzen Sätzen.

> Hallo!
> Philipp hat bald Geburtstag! Kommt ihr auch zu unserer Überraschungsparty?
> Beginn: 1. Februar, 14:00 Uhr
> Ende: 1. Februar, 17:00 Uhr
> Ort: Mein Wohnzimmer!
> Geschenk: eine Sporttasche
> Gäste: die Jungs und Mädchen der Klasse 7B
> Essen: Salate und zwei Kuchen
> Was machen wir? Tanzen, Essen, Reden!
> Sagt mir bitte bis morgen Bescheid!
> Luisa

1. C'est l'anniversaire de ... 2 P.

_____

2. C'est quand? ☐ 2 P.

3. On rentre quand? ☐ 2 P.

4. C'est où? ☐ 2 P.

5. Luisa invite qui? ☐ 3 P.

6. Qu'est-ce qu'on mange? ☐ 2 P.

7. Qu'est-ce qu'on fait à la fête? ☐ 2 P.

8. Le cadeau, qu'est-ce que c'est? ☐ 1 P.

VERSION | Übersetzung   ☐ /14 P.

10 Traduis les phrases en allemand. | Übersetze die Sätze ins Deutsche.

1. C'est dimanche. ☐ 1 P.

2. C'est l'anniversaire de Théo. ☐ 1 P.

3. Ses parents et son frère Lucas sont là. ☐ 2 P.

4. Mais ses amis arrivent aussi. ☐ 2 P.

5. C'est une surprise pour Théo. ☐ 1 P.

6. Ils écoutent des CD et regardent des mangas, [2 P.] mais ils ne dansent pas. [2 P.]

_____

_____

7. Et voilà le cadeau de ses parents: [2 P.] un cochon d'Inde! [1 P.]

_____

PRODUCTION ÉCRITE | Schriftliche Produktion _____/19 P.

11 Sascha raconte son anniversaire sur son blog. | Sascha aus Leipzig beschreibt in seinem Blog, wie er normalerweise seinen Geburtstag feiert. Er will auch auf Französisch berichten. Schreibe den Text für Sascha.

1. Sage, dass du und deine Mutter einen oder zwei Kuchen und einen Salat macht. [4 P.]

_____

_____

2. Sage, wo ihr immer feiert. [3 P.]

_____

_____

3. Sage, dass ihr deine Cousins und deine Großeltern einladet und dass sie Geschenke mitbringen. [5 P.]

_____

_____

4. Sage, dass ihr zusammen esst. [2 P.]

_____

5. Erkläre, was die Jungen und die Mädchen danach machen. [5 P.]

_____

_____

> Lies deinen Text noch einmal durch. Hast du an die Nomen im Plural ein „s" bzw. ein „x" angehängt?

Unité 7 Mes hobbys

145 Punkte

COMPRÉHENSION DE L'ORAL | Hörverstehen

___/9 P.

1 Grégoire téléphone à Pauline. Écoute le dialogue, puis coche ou complète. | Grégoire ruft Pauline an. Hör dir den Dialog an und kreuze die richtige Antwort an bzw. ergänze den Satz.

1. Pauline est chez elle, devant l'ordinateur.
   - a ☐ Vrai.
   - b ☐ Faux.

2. Grégoire:
   - a ☐ va au cinéma.
   - b ☐ va au cinéma avec Pauline.
   - c ☐ va au cinéma avec sa cousine.

3. Pauline:
   - a ☐ va au club de foot avec son père.
   - b ☐ range l'appartement avec son père et va au club de foot.
   - c ☐ va au cinéma avec Grégoire.

4. Pauline aime:
   - a ☐ le foot et le basket.
   - b ☐ le foot et le tennis.
   - c ☐ le tennis et le basket.

5. Samedi, Pauline et Grégoire vont au club de foot ensemble.
   - a ☐ Vrai.
   - b ☐ Faux.

6. Grégoire fait un stage de tennis en _____.

7. Pauline a:
   - a ☐ 12 ans.
   - b ☐ 11 ans.
   - c ☐ 13 ans.

8. L'anniversaire de Pauline, c'est le _____.

9. Le numéro de téléphone pour le stage, c'est le __ 90 __ 61 __.

COMPRÉHENSION DE L'ÉCRIT | Leseverstehen

18 Punkte

En France, tu regardes cet article dans un magazine pour les jeunes. | Du bist in Frankreich und schaust aus Neugierde in eine Jugendzeitschrift hinein. Folgender Artikel interessiert dich.

Chacun ses goûts![1]

Zoé, 13 ans

J'adore écouter de la musique avec mon lecteur mp3 (du rap), et danser bien sûr! J'ai cours de danse[2] le mardi soir. J'aime aussi le cheval. Mon frère a un cheval, il s'appelle Oscar. Mais je n'aime pas rêver sur mon lit comme mes copines. J'adore aussi faire la cuisine. Le jeudi, je vais au supermarché après l'école et je prépare des spaghettis ou une salade pour mes parents et moi. Souvent, je n'ai pas le temps pour les devoirs. Alors, je travaille entre 8 h et 8 h 30 dans le bus!

Chacun ses goûts![1]

Ophélie, 12 ans

Le sport, moi, je n'aime pas ça. J'aime aller dans la nature, regarder les animaux et rêver. Dans ma chambre, il y a des posters de chevaux. Oui, j'aime le cheval! C'est mon hobby. J'adore aussi être sur mon lit avec mon chat, écouter ma musique, regarder des livres ou chanter devant mon miroir. Les devoirs? Ce n'est pas un problème pour moi, j'aime bien ça. Je travaille dans ma chambre et j'écoute ma musique.

Nathan, 13 ans

Moi, mon hobby, c'est le sport. Je suis dans un club de tennis. J'ai cours de tennis le mercredi après-midi et le vendredi après le collège. Le dimanche, je fais souvent des matchs[3]. Le lundi, je fais du skate avec un copain. Mais mes parents ne sont pas toujours d'accord parce qu'il y a aussi les devoirs. Je n'aime pas ça, mais bon, c'est la vie![4]

1 **Chacun ses goûts!** Geschmäcker sind verschieden   2 **la danse** der Tanz   3 **le match** das Spiel   4 **C'est la vie!** So ist das Leben!

2 Qui aime quoi? Qui n'aime pas quoi? Lis l'article, puis note les noms. | Wer mag was? Wer mag was nicht? Lies den Artikel und notiere die Namen.   ___/10 P.

3 Coche la bonne réponse. | Sind folgende Aussagen richtig (*vrai*), falsch (*faux*) oder nicht im Text (*pas dans le texte*)? Kreuze die richtige Antwort an.

____/8 P.

	Vrai	Faux	Pas dans le texte
1. Zoé danse.	☐	☐	☐
2. Zoé fait la cuisine pour sa famille.	☐	☐	☐
3. Zoé fait ses devoirs dans sa chambre.	☐	☐	☐
4. Ophélie aime les animaux.	☐	☐	☐
5. Ophélie a un cheval et un chien.	☐	☐	☐
6. Nathan fait du tennis avec des copains.	☐	☐	☐
7. Nathan fait ses devoirs dans sa chambre.	☐	☐	☐
8. Nathan fait toujours du skate le lundi.	☐	☐	☐

VOCABULAIRE | Wortschatz

29 Punkte

4 Complète par les mots suivants. Attention: il y a un mot de trop. | Vervollständige die Sätze mit folgenden Wörtern. Aufgepasst: Ein Wort bleibt übrig.

____/10 P.

Solche „kleine Wörter" brauchst du oft. Sammle sie.

ce soir   avec   chez   aujourd'hui   sur   déjà
toujours   d'abord   pour   après   aussi

Maëlle n'a pas le temps _____. Elle prépare un exposé _____ l'école.

_____, elle cherche des informations _____ Internet.

Son portable sonne.

Léonie: Salut Maëlle! Tu vas au cinéma _____ moi, _____?

Maëlle: Non, je travaille.

Léonie: Mais tu travailles _____, Maëlle!

Maëlle: Écoute, je prépare un exposé mais je voudrais _____ avoir du temps avec toi!

Tu passes _____ moi _____ cinq heures?

Léonie: D'accord, j'arrive à 17 h 30!

5 Relie les mots qui vont ensemble. | Verbinde die zusammenpassenden Wörter.

___/7 P.

l'anniversaire **1**   **a** l'armoire
la chambre **2**   **b** le cheval
la cuisine **3**   **c** le numéro
le portable **4**   **d** Internet
le hobby **5**   **e** les spaghettis
l'école **6**   **f** le cadeau
l'ordinateur **7**   **g** l'exposé

6 Complète les champs lexicaux. | Ergänze die Wortfelder.

___/12 P.

1. une s_____ + un g_____ + une ta_____ + des sp_____ ➜ des aliments*

2. la mu_____ + le ba_____ + le sk_____ + le te_____ ➜ des hobbys

3. l'h_____ + l'ap_____-_____ + le we___-_____ + la se_____ ➜ le temps

* **les aliments** *m. pl.* die Lebensmittel

GRAMMAIRE | Grammatik

36 Punkte

7 Complète par les verbes suivants à la bonne forme. | Vervollständige die Sätze mit den richtigen Formen der folgenden Verben.

___/10 P.

| aller | avoir | chercher | être | faire (2 x) | manger | passer (2 x) | préparer |

C'_____ mercredi. Après le collège, Maëlle et Sandra _____ dans le parc. Elles _____ une salade.

Maëlle: Tu _____ par la médiathèque avec moi?

Sandra: D'accord. Qu'est-ce que tu _____ ?

Maëlle: Un livre pour mon exposé. Nous _____ des exposés avec Madame Leduc.

Sandra: Et est-ce que tu _____ le temps, après? Moi, je _____ chez Louise.

Maëlle: Oui. Qu'est-ce que vous _____, Louise et toi?

Sandra: Nous _____ la cuisine ensemble.

8 Mets les mots marqués au pluriel. | Wie lautet der Plural der markierten Nomen? Ergänze. ___/6 P.

1. **Madame Fleurot:** Lucas, tes copains et toi, vous avez un ⟦cadeau⟧ pour l'anniversaire de Léonie?

   Lucas: Oui, nous avons même deux _____!

2. Les Fleurot ont un ⟦fils⟧ ou deux _____?

3. Dans la chambre de Pauline, il y a une ⟦boîte⟧ avec des photos sur le bureau. Dans la chambre de

   Léonie, il y a cinq _____ avec des photos sous le lit!

4. **Léonie:** Est-ce que Maëlle a un ⟦animal⟧?

   Pauline: Oui, elle a même trois _____: deux perruches et un chien.

5. Théo cherche le ⟦DVD⟧ de «Shrek» et Zoé cherche les _____ de Twilight.

6. Louis a un ⟦cheval⟧ et son oncle a trois _____.

9 Complète les phrases par *aller* + *à* + article défini. | Vervollständige die Sätze mit dem Verb *aller* + *à* + bestimmtem Artikel. ___/12 P. (= 6 x 2 P.)

1. **Monsieur Dupas:** Vous _____ médiathèque?

   Maëlle et Paul: Non, nous _____ roller parc.

2. **Théo:** Tu _____ école?

   Lucas: Oui, mais je _____ boulangerie d'abord.

> Weißt du noch?
> à + le = au
> à + les = aux

3. Paul et Maëlle _____ Deux-Alpes en février.

4. Sandra _____ cinéma avec son copain.

10 Qu'est-ce qu'ils aiment (♥) ou adorent (♥♥)? Écris des phrases. | Was mögen sie (♥) oder mögen sie sehr (♥♥)? Schreibe zu jedem Bild einen Satz. ___/8 P. (= 4 x 2 P.)

> Nicht vergessen!
> *aimer/adorer* + bestimmter Artikel!

1. ♥ Pauline _____

_____

2. ♥♥ Théo _____
_____

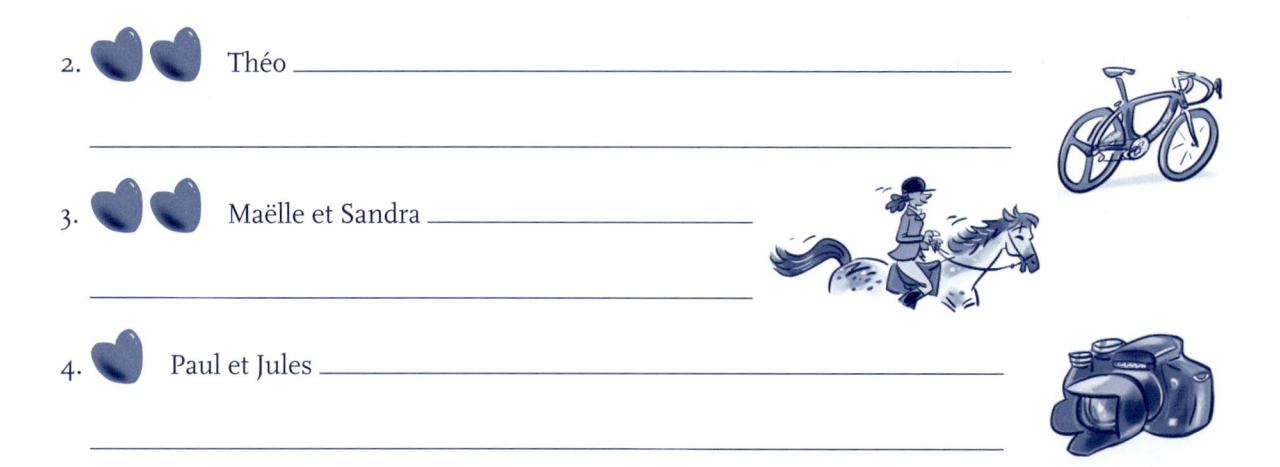

3. ♥♥ Maëlle et Sandra _____
_____

4. ♥ Paul et Jules _____
_____

MÉDIATION | Sprachmittlung ___/19 P.

11 Un mail d'Allemagne! Traduis les phrases marquées en français. | Dein französischer Freund Nathan hat in einem Internetforum Verena kennengelernt. Nun hat sie ihm eine E-Mail geschickt. Da Nathan aber kaum Deutsch kann, bittet er dich, ihm die markierten Informationen wiederzugeben.

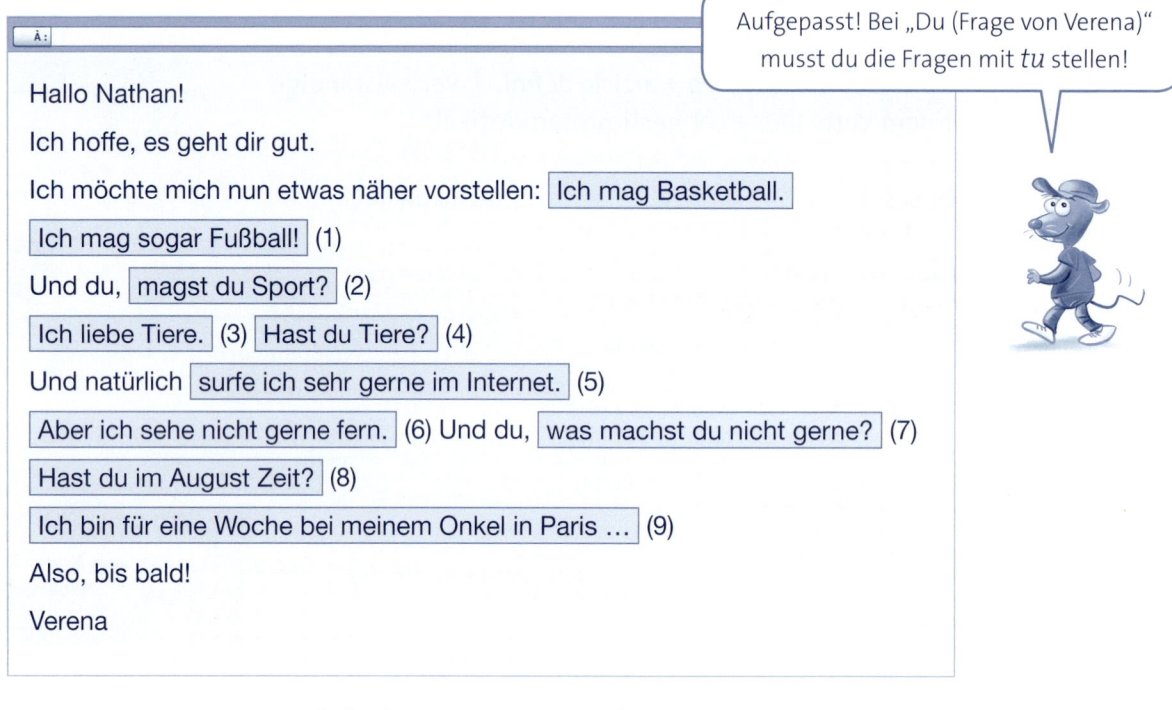

> Aufgepasst! Bei „Du (Frage von Verena)" musst du die Fragen mit *tu* stellen!

À:

Hallo Nathan!
Ich hoffe, es geht dir gut.
Ich möchte mich nun etwas näher vorstellen: ⌐Ich mag Basketball.¬
⌐Ich mag sogar Fußball!¬ (1)
Und du, ⌐magst du Sport?¬ (2)
⌐Ich liebe Tiere.¬ (3) ⌐Hast du Tiere?¬ (4)
Und natürlich ⌐surfe ich sehr gerne im Internet.¬ (5)
⌐Aber ich sehe nicht gerne fern.¬ (6) Und du, ⌐was machst du nicht gerne?¬ (7)
⌐Hast du im August Zeit?¬ (8)
⌐Ich bin für eine Woche bei meinem Onkel in Paris ...¬ (9)
Also, bis bald!
Verena

Exemple: Du: Verena aime le basket. / **Nathan:** Super!

1. **Du:** _____ 2 P.

   Nathan: Waouh! C'est une fille super!

2. **Du (Frage von Verena):** _____ 2 P.

   Nathan: Oui, le skate et aussi le basket et le foot.

3. **Du:** _____ 2 P.

   Nathan: Comme toutes les filles* ...

* **toutes les filles** alle Mädchen

4. **Du (Frage von Verena):** _____ 2 P.

   Nathan: Non.

5. **Du:** _____ 2 P.

   Nathan: Moi aussi!

6. **Du:** _____ 2 P.

   Nathan: Moi non plus. Alors, ce n'est pas un problème.

7. **Du (Frage von Verena):** _____ 2 P.

   Nathan: Faire mes devoirs et ranger ma chambre.

8. **Du (Frage von Verena):** _____ 2 P.

   Nathan: Euh … oui.

9. **Du:** _____ 3 P.

   Nathan: C'est cool! Ma tante habite aussi à Paris.

VERSION | Übersetzung ____/17 P.

12 Traduis les phrases en allemand. | Übersetze die Sätze ins Deutsche.

1. Aujourd'hui, Léonie fait des interviews*. 1 P.

   _____

2. La question est: 1 P. «Qu'est-ce que tu aimes faire après l'école?» 2 P.

   _____

3. Pauline aime aller dans le parc 2 P. avec son chien. 1 P.

   _____

4. Mais elle adore aussi chatter 1 P. avec ses copines. 1 P.

   _____

5. Lucas va souvent au stade. 1 P. Il adore le foot. 1 P.

   _____

* l'interview *f.* das Interview

Achte beim Übersetzen auf die verschiedenen Begleiter!

6. Et Théo? Il adore le VTT ⎡1 P.⎤ et la nature. ⎡1 P.⎤

7. **Théo:** Je voudrais faire un stage de VTT, ⎡2 P.⎤ mais je n'ai pas encore 15 ans! ⎡2 P.⎤

PRODUCTION ÉCRITE | Schriftliche Produktion ____/17 P.

13 Lena se présente. | Deine Freundin Lena hat gerade erst angefangen, Französisch zu lernen. Sie möchte aber jetzt schon eine/n Brieffreund/in haben. Dazu will sie sich im Internet vorstellen. Da sie fast kein Französisch kann, bittet sie dich für sie zu schreiben.

Sie hat dir folgenden Merkzettel gegeben. Vergiss die Begrüßung und die Abschiedsformel nicht! ⎡1 P.⎤

Vorname: Lena   Alter: 13   Wohnort: Kiel ⎡3 P.⎤
Familie: ein Bruder (5) ⎡2 P.⎤
Tiere: eine Katze ⎡1 P.⎤
Vorlieben: ♥ Quad, fernsehen ⎡2 P.⎤
♥♥ Musik, Comics, ins Kino gehen, zeichnen ⎡4 P.⎤
Ich mag Hausaufgaben und Fußball nicht! ⎡2 P.⎤
Fragen: Was magst du? Was magst du nicht? ⎡2 P.⎤

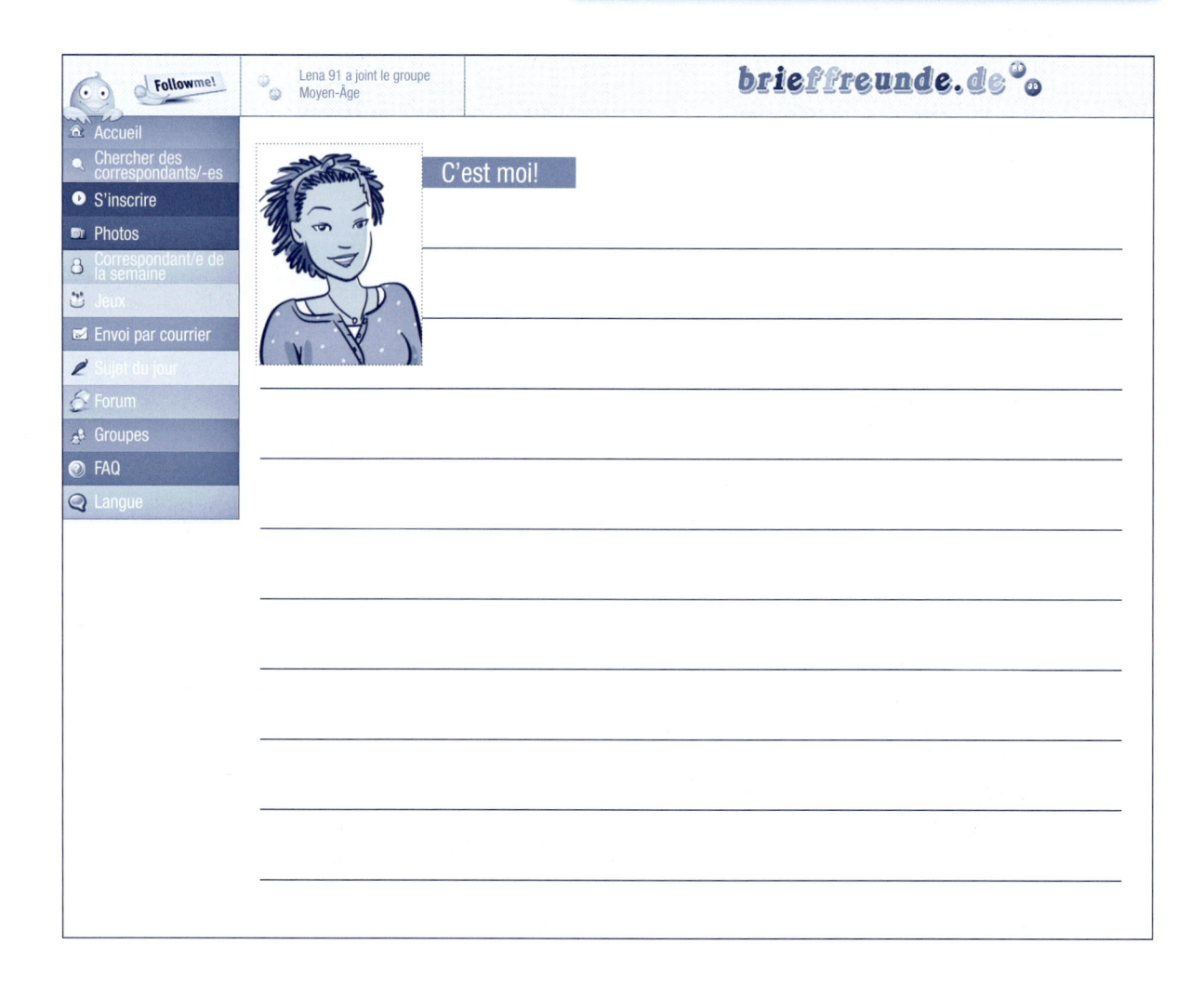

C'est moi!

Unité 8 Planète collège

146 Punkte

COMPRÉHENSION DE L'ORAL | Hörverstehen

16 Punkte

1 Grégoire téléphone à sa cousine. Écoute le dialogue deux fois et coche la bonne réponse. | Am Dienstag Abend ruft Grégoire seine Cousine Yasmine an. Hör dir das Gespräch zweimal an und kreuze die richtige Antwort an.

_____/9 P.

1. Yasmine fait ses devoirs.
   a ☐ Vrai.   b ☐ Faux.

2. Grégoire:
   a ☐ adore les maths.   b ☐ n'aime pas les maths.   c ☐ déteste le français.

3. Yasmine aime:
   a ☐ l'histoire-géo.   b ☐ le français.   c ☐ les maths.

4. Grégoire va au cinéma:
   a ☐ aujourd'hui.   b ☐ mercredi.   c ☐ samedi.

5. Lucas ne peut pas aller au cinéma parce qu'il a cours de skate.
   a ☐ Vrai.   b ☐ Faux.

6. Pauline est avec:
   a ☐ sa mère.   b ☐ son père.   c ☐ sa tante.

7. Le film est à:
   a ☐ 1:30   b ☐ 5:30   c ☐ 3:30   d ☐ 4:30

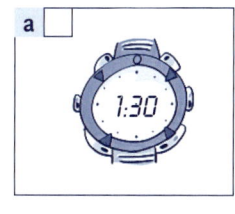

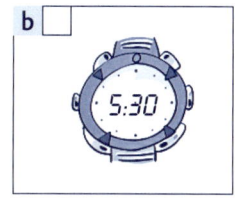

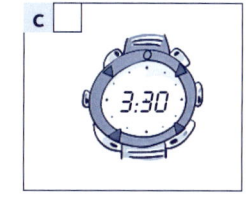

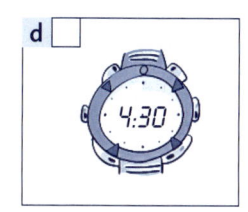

8. Yasmine peut aller au cinéma avec Grégoire parce que son cours de basket est à:
   a ☐ 12:45   b ☐ 13:45   c ☐ 14:15   d ☐ 14:45

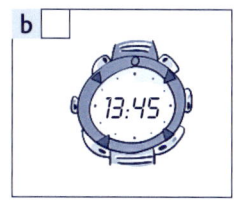

9. Le mercredi après-midi, Grégoire a cours de:
   a ☐ (football)   b ☐ (tennis)   c ☐ (basket)   d ☐ (géographie/France)

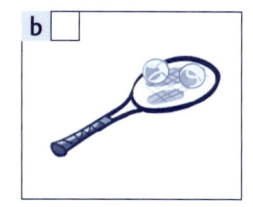

2 Écoute le dialogue encore une fois et complète les emplois du temps. | Höre den Dialog noch einmal an und vervollständige die Stundenpläne mit den Zahlen von 1 bis 6.

___/7 P.

> Hier musst du eine Tabelle ausfüllen. Verschaffe dir zuerst einen Überblick, damit du weisst, welche Information in welche Spalte und Zeile gehört.

Mercredi matin	Grégoire	Yasmine
8:25 – 9:20		
9:25 – 10:20		
10:35 – 11:30		
11:35 – 12:30		

1 2 3 4 5 6

COMPRÉHENSION DE L'ÉCRIT | Leseverstehen

18 Punkte

Le journal de Léonie. | Das Tagebuch von Léonie.

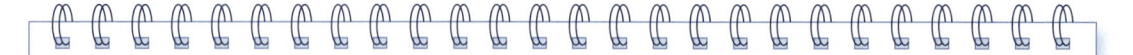

Lundi, 7 h 45
Aujourd'hui, c'est lundi. ☹ Et le lundi, c'est toujours l'horreur pour moi.
D'abord, j'ai maths. DEUX heures de maths! Après, j'ai sport. Pour Pauline, ce n'est pas un problème. Elle aime le foot, le tennis, etc. Mais moi, le sport, je n'aime pas ça. À deux heures, on va au CDI avec M. Ferry. On prépare des exposés. J'adore M. Ferry, mais je n'aime pas les exposés. ☹
Après, on a histoire-géo avec M. Lancenot. Il est nouveau. J'aime bien la géo, mais aujourd'hui, on a histoire et je n'aime pas l'histoire. Et après, on a anglais* avec Mme Dumoncel. Aujourd'hui, on a une interro. ☹

Mardi, 8 h 35
M. Lancenot, le nouveau prof, est cool! Maintenant, j'aime aussi l'histoire!
Aujourd'hui, j'ai cours à 9 h 25 parce que Mme Dumoncel n'est pas là! Super! Et à 10 h 30, j'ai deux heures d'allemand! J'adore l'allemand et Mme Leduc est super sympa! ☺ Aujourd'hui, nous regardons le film «Pünktchen und Anton». ☺ À quatre heures, je vais chez Pauline. Nous faisons nos devoirs ensemble. Et bien sûr, nous surfons sur Internet aussi. Aujourd'hui, nous cherchons un miroir pour sa chambre.

* anglais Englisch

Mercredi, 8h05

Aujourd'hui, c'est l'anniversaire de M. Ferry et nous avons deux surprises: un gâteau avec 32 bougies et une bédé. Il a déjà 69 bédés! Il adore ça. Oh, je suis déjà en retard! Lucas passe chez moi à 8h10 et nous allons au collège ensemble.

Mercredi, 15h20

M. Ferry adore notre cadeau. ☺
Jeudi, on corrige l'interro d'anglais! ☹

Jeudi, 17h55

Aujourd'hui, c'est l'horreur! 9/20 à l'interro d'anglais ... Et mon portable ne marche pas! Et ma mère: «Léonie! Quand est-ce que tu ranges ta chambre?» Et mon père: «Maintenant, tu fais tes devoirs d'anglais avec moi!» 💣

Je voudrais aller au roller parc avec Lucas samedi, mais je ne peux pas parce que je n'ai pas le temps. Samedi après-midi, je prépare un exposé de musique pour lundi. Dimanche, nous sommes chez mes grands-parents. Bof!

3 Lis le journal et remets les événements dans l'ordre. | Lies die Tagebucheinträge und nummeriere die Bilder in der richtigen Reihenfolge.

____/6 P.

a ☐ b  ☐ c ☐ 
d  ☐ e  ☐ f ☐

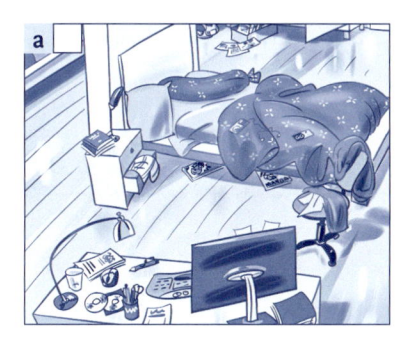

Unité 8 55

4 Relis le journal et coche la bonne réponse. Justifie par une phrase du texte. | Lies die Einträge noch einmal und kreuze die richtige Antwort an. Begründe deine Antwort mit einem Satz aus dem Text.

___/12 P.
(= 6 x 2 P.)

> Achte darauf, dass die ausgesuchte Textstelle auch wirklich zu dem angekreuzten Kästchen passt.

	Vrai	Faux
1. Léonie aime bien faire des exposés avec Monsieur Ferry.	☐	☐

Justification*: _____

2. Léonie aime l'histoire avec Monsieur Lancenot.   ☐ ☐

Justification: _____

3. Léonie a toujours cours à 9 h 25 le mardi.   ☐ ☐

Justification: _____

4. Monsieur Ferry aime bien les bédés.   ☐ ☐

Justification: _____

5. Léonie a des problèmes en anglais.   ☐ ☐

Justification: _____

6. Le week-end, Léonie ne travaille pas pour l'école.   ☐ ☐

Justification: _____

* **la justification** die Begründung

VOCABULAIRE | Wortschatz

13 Punkte

5 Complète. Trouve le mot solution, écris-le et traduis-le. | Vervollständige. Finde das Lösungswort, schreibe es auf und übersetze es.

___/9 P.

1. J'ai 20 sur 20. Je n'ai pas de **?** .
2. **La prof aux élèves:** Et **?** , corrigez votre devoir!
3. **Le prof aux élèves:** Allez dans le gymnase, s'il **?** plaît!
4. Je **?** en retard.
5. Pauline est au **?** Jean Rostand.
6. Vous êtes les **?** de la cinquième A?
7. Paul surfe sur **?** .

Le mot solution* est _____ (= _____).

* **le mot solution** das Lösungswort

56 Unité 8

À toi! 1

Schulaufgabentrainer | Klassenarbeitstrainer

Lösungen

Cornelsen

Unité 1/2 Bonjour! / C'est la rentrée

COMPRÉHENSION DE L'ORAL | Hörverstehen

La rentrée

1. **Léonie:** Coucou Maëlle! Ça va?
   Maëlle: Salut Léonie. Ça va, et toi?
   Léonie: Ça va. Tu es en cinquième B?
   Maëlle: Non, je suis en cinquième A. Et toi, Léonie?
   Léonie: Moi, je suis en cinquième B. Salut!
   Maëlle: Salut!

2. **Jules:** Bonjour, tu t'appelles comment?
   Paul: Je m'appelle Paul. Et toi?
   Jules: Moi, c'est Jules. Tu es en sixième A?
   Paul: Oui, et toi?
   Jules: Je suis en sixième A aussi*.
   Paul: Super!

3. **Lucas:** Ah, salut Léonie! Ça va?
   Léonie: Super, et toi?
   Lucas: Bof, c'est la rentrée ... Et je suis dans la classe de Madame Dumoncel!
   Léonie: Oh! Moi, je suis dans la classe de Monsieur Ferry.
   Lucas: C'est qui? Le prof de français?
   Léonie: Oui, le prof de français. Il est super!
   Théo: Bonjour! Je suis Théo, le frère de Lucas. Je suis en sixième.
   Lucas: Oh, Théo!
   Léonie: Bonjour Théo!

* **aussi** auch

1 Dialogue 1: b – Dialogue 2: a – Dialogue 3: c

2

	Vrai	Faux
1. Maëlle est en cinquième A.	X	
2. Léonie est en cinquième A.		X
3. Jules est en cinquième.		X
4. Paul est en sixième A.	X	
5. Léonie est dans la classe de Madame Dumoncel.		X
6. Monsieur Ferry est le prof de français.	X	
7. Théo est l'ami de Lucas.		X

COMPRÉHENSION DE L'ÉCRIT | Leseverstehen

3
1. Il est dans la classe de Monsieur Valentin. C'est qui? **Grégoire**.
2. Il est en cinquième B. C'est qui? **Thomas**.
3. C'est le frère de Grégoire. C'est qui? **David**.
4. C'est le prof de français. C'est qui? **Monsieur Valentin**.

4

1. Grégoire est:
   a ☐ en cinquième A.
   b ☐ en cinquième B.
   c ☒ en cinquième C.

2. La classe de Grégoire, c'est:
   a ☐ 20 / 9
   b ☐ 16 / 13
   c ☒ 13 / 16

3. Thomas est:
   a ☐ le frère de Grégoire.
   b ☒ l'ami de Grégoire.
   c ☐ le surveillant.

4. David est:
   a ☒ en sixième C.
   b ☐ en cinquième B.
   c ☐ en cinquième C.

5. Le collège de Grégoire, c'est:
   a ☐ le collège Jean Lyon.
   b ☒ le collège Jean Rostand.
   c ☐ le collège Victor Hugo.

VOCABULAIRE | Wortschatz

5

1. le collège
2. le surveillant
3. les élèves
4. la prof
5. la classe
6. la cour

6

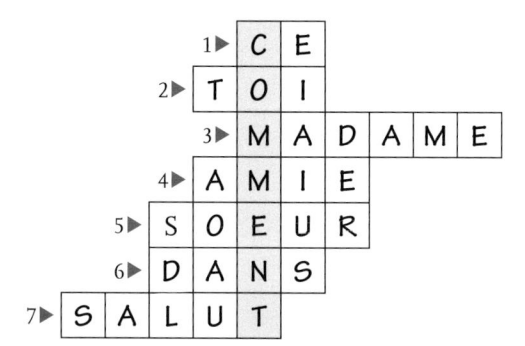

1. C E
2. T O I
3. M A D A M E
4. A M I E
5. S O E U R
6. D A N S
7. S A L U T

Le mot solution est **comment** (= wie).

Unités 1/2

GRAMMAIRE | Grammatik

7 Thomas, Julie et Pauline **sont** dans la cour.
Thomas: Salut! Tu **es** en cinquième?
Julie: Oui, je **suis** en cinquième C. Et vous? Vous **êtes** aussi en cinquième?
Pauline: Oui, nous **sommes** en cinquième B, dans la classe de Monsieur Ferry. C'**est** le prof de français.
Julie: Il **est** cool?
Pauline: Oui. Ah, voilà Maëlle et Léonie!
Thomas: Ce **sont** les amies de Pauline.

8 1. **Madame Dupas:** Bonjour, Paul. **Ça va**?
   Paul: Oui, ça va.
2. **Madame Dupas:** Bonjour. **Tu t'appelles comment**?
   Jules: Je m'appelle Jules.
3. **Madame Dupas:** **Tu es dans la classe de Paul**?
   Jules: Oui, je suis dans la classe de Paul. Voilà la photo de la classe.
4. **Madame Dupas:** Ah! Et **c'est qui**?
   Paul: C'est Monsieur Valentin, le prof de français.
5. **Madame Dupas:** Et **vous êtes dans la cour**?
   Paul: Oui, nous sommes dans la cour.

9 Salut les filles!
Maintenant, **je** suis en cinquième B, c'est la classe de Monsieur Ferry. **Il** est professeur de français. Pauline? **Elle** est en cinquième B aussi! Dans la classe, **nous** sommes 19 garçons (**ils** sont super) et 13 filles (**elles** sont super aussi).
Vous êtes encore dans le collège Victor Hugo? Samantha, **tu** es dans la classe de David, le frère de Grégoire?
Salut!
Léonie

10 **Jérémy:** Ce sont les frères ou les amis de Léonie?
Pauline: Là, c'est **le frère** de Léonie et là, c'est Lucas, l'**ami** de Léonie.
Jérémy: Ce sont les professeurs ou les surveillantes ?
Pauline: Là, c'est Monsieur Valentin, **le prof(esseur)** de français, et là, c'est Magalie, **la surveillante**.
Jérémy: Ce sont les cinquièmes ou les sixièmes ?
Pauline: Là, c'est **la cinquième** B et là, c'est **la sixième** B.

MÉDIATION | Sprachmittlung

11
1. Er geht in die 7B (cinquième B).
2. In dieser Klasse sind 32 Schüler.
3. Er heißt Herr Ferry.
4. Drei Mädchen machen Tanz.
5. Die Klasse organisiert ein Theaterstück. Die Vorstellung wird am 15. April sein.
6. Das ist Frau Dumoncel. Sie unterrichtet Mathe.
7. Sie unterrichtet Chemie.
8. Die Klasse hat Sport bei einer Lehrerin.

VERSION | Übersetzung

12
1. Es ist Schulanfang.
2. Die Schüler und die Aufsichtspersonen sind im Schulhof.
3. Léonie: Bist du Jules?
4. Jules: Ja. Und wie heißt du?
5. Léonie: Ich heiße Léonie. Und wer ist der Junge?
6. Jules: Das ist Grégoire, der Freund von Thomas.

PRODUCTION ÉCRITE | Schriftliche Produktion

13
1. Je m'appelle Lisa. Je suis en sixième A / 6A.
2. Voilà le collège Maria Stern à Immenstadt.
3. Ce sont les professeurs dans la cour.
4. Dans la classe, nous sommes 12 filles.
5. Voilà Laura et Sara. Elles sont en cinquième B / en 7B.
6. Daniela est la sœur de Sara. Et Sara, c'est l'amie de Laura.

Unité 3 Un quartier de Levallois

COMPRÉHENSION DE L'ORAL | Hörverstehen

🎧 3

Les interviews de Thomas

Thomas: Salut Lucas! Tu habites où?
Lucas: J'habite 7, avenue de l'Europe.
Thomas: Qu'est-ce qu'il y a dans le quartier?
Lucas: Il y a un roller parc avec un mur peint, une boulangerie, une librairie et un supermarché.
Thomas: Tu rentres à pied après le collège?
Lucas: Oui. Léonie habite à côté, 10, avenue de l'Europe. Alors, on rentre à pied ensemble. Et on passe par la boulangerie.
Thomas: Merci.

Thomas: Pauline, tu habites où?
Pauline: 2, rue du Parc.
Thomas: Qu'est-ce qu'il y a dans le quartier?
Pauline: Euh … je ne sais pas, je suis nouvelle dans le quartier … il y a des tours et un parc! Euh …
Thomas: Okay, merci.

Thomas: Grégoire, tu habites où?
Grégoire: 5, rue Gustave Eiffel.
Thomas: Qu'est-ce qu'il y a dans le quartier?
Grégoire: Il y a une boulangerie, une librairie, un hôtel et même un stade.
Thomas: Alors, il y a un club de foot?
Grégoire: Oui, il est super. Je suis dans le club avec mon frère, David.
Thomas: Merci.

1 1. Pauline [b] [f] – 2. Grégoire [c] [e] – 3. Lucas [a] [d]

2 1. Léonie habite:
   a ☐ 6, avenue de l'Europe.   b ☐ 8, avenue de l'Europe.   c [X] 10, avenue de l'Europe.

2. Léonie et Lucas rentrent: a [X] b ☐ c ☐

3. Après le collège, Lucas passe par: a ☐ b [X] c ☐

4. Ils sont dans un club de foot, ce sont:
   a ☐ Lucas et un ami. b ☐ Lucas et son frère. c ☐ Grégoire et un ami.
   d ☒ Grégoire et son frère.

COMPRÉHENSION DE L'ÉCRIT | Leseverstehen

3

	Il habite où? (adresse)	Qu'est-ce qu'il y a dans son quartier?
Alexandre	**rue des Arts**	**un supermarché, une librairie, un cybercafé, une médiathèque, un cinéma, un stade**
Jérémy	**avenue Gustave Eiffel**	**un cinéma, une librairie**

4

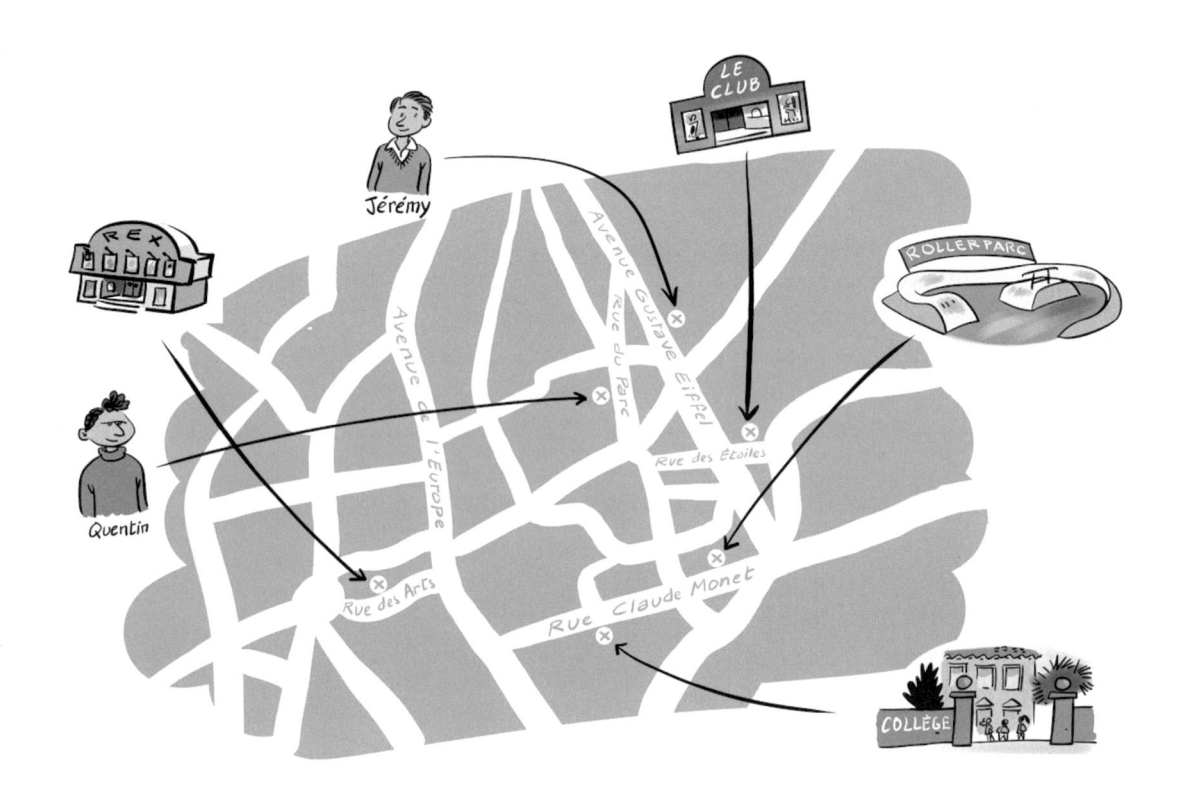

VOCABULAIRE | Wortschatz

5 Paul: Regarde, Jules, c'est Maëlle. Elle est **nouvelle**.
Jules: Elle est d'où?
Paul: Elle est **de** Marseille. Elle habite rue Georges Pompidou.
Jules: C'est la rue **avec** le cinéma?
Paul: Oui. Il y a **aussi** une médiathèque **et** une boulangerie.
Jules: **Moi**, je rentre.
Paul: Je rentre avec **toi**. On passe **par** la médiathèque?
Jules: **Bien sûr!**

6 1. Paris – <u>Eiffel</u> – Marseille – Levallois
2. le bus – le métro – le navigo – <u>le mur</u>
3. le cinéma – <u>la tour</u> – la médiathèque – le cybercafé
4. <u>après</u> – sur – près de – à côté
5. le club – le foot – le stade – <u>l'hôtel</u>

Unité 3   7

7   1. la b**ou**lang**e**rie + la lib**rai**rie + le p**a**rc + le su**pe**rmarché ➜ le quartier
 2. le gar**ç**on + la f**i**lle + l'a**mi** + l'a**mie** ➜ les amis
 3. la c**ou**r + le pr**o**f + l'**é**lève + le s**u**rveillant ➜ le collège

GRAMMAIRE | Grammatik

8   Dans le quartier de Maëlle, il y a **une** médiathèque, **une** boulangerie et **un** cinéma. Il y a aussi **des** tours et **un** roller parc. **Le** roller parc est entre **les** tours. **Le** cinéma est près de **la** boulangerie. Il y a aussi **un** stade, c'est **le** stade «Jean Jaurès».

9   Lucas et Léonie **rentrent** à pied.
Lucas: On **passe** par la boulangerie?
Léonie: Oui.
Après la boulangerie ...
Léonie et Lucas **sont** dans le parc.
Léonie: Hm! C'**est** bon!
Lucas: **Regarde**, voilà Maëlle.
Léonie: Salut Maëlle!
Maëlle: Salut!
Lucas: Tu **rentres**?
Maëlle: Non, je **cherche** une librairie dans le quartier.
Lucas: Il y a une librairie près de la boulangerie.
Maëlle: Super. Vous **habitez** où?
Léonie: Nous **habitons** avenue de l'Europe. Nous **sommes** toujours dans le parc après le collège. Et toi?
Maëlle: Moi, j'**habite** rue Georges Pompidou. Salut!
Léonie et Lucas: Salut!

10   1. *Tu t'appelles comment?*
 2. *Tu es de Lyon?*
 3. *Qu'est-ce qu'il y a dans ta rue?*
 4. *Il y a aussi une librairie? / Il y a une librairie aussi?*
 5. *C'est où?*
 6. *Qu'est-ce que tu cherches?*

MÉDIATION | Sprachmittlung

11   1. Du: *Voilà Paul.*
 2. Du: *Das ist Léonie. Sie möchte wissen, wie du heißt.*
 3. Du: *C'est Luisa, l'amie de Paul. Ils habitent à côté. Paul habite entre la librairie et le cybercafé.*
 4. Du: *Dans le quartier (de Paul), il y a aussi un cinéma et même un roller parc.*
 5. Du: *Gehen wir zusammen nach Hause?*
 6. Du: *Bien sûr. Et on passe par la médiathèque?*

VERSION | Übersetzung

12
1. Nach der Schule gehen Paul und Jules zusammen zu Fuß nach Hause.
2. Was gibt es in dem Viertel von Paul und Jules?
3. Es gibt eine bemalte Wand, ein Internetcafé, Hotels und die Bäckerei „Au bon croissant".
4. Paul wohnt nebenan.
5. Die Croissants sind lecker!

PRODUCTION ÉCRITE | Schriftliche Produktion

13
1. Bonjour, Lucas. Ça va?
2. J'habite 8, rue Schiller à Kempten. Kempten est près de Munich.
3. Regarde la photo. / Voilà une photo.
4. Dans le quartier, il y a des tours, un cybercafé, un supermarché, une librairie et un roller parc.
5. La fille dans le roller parc est une amie.
6. Tu habites où? Qu'est-ce qu'il y a dans le quartier?
7. Salut. Philipp

Unité 4 Ma famille et moi

COMPRÉHENSION DE L'ORAL | Hörverstehen

Au camping de Sisteron

Pauline: Salut!
Julian: Salut. Tu t'appelles comment?
Pauline: Pauline. Et toi?
Julian: Je m'appelle Julian. Je suis de Berlin.
Pauline: Tu parles bien français. Moi, je suis de Lyon.
Julian: Tu parles allemand?
Pauline: Non. Tu as quel âge?
Julian: 13 ans. Et toi?
Pauline: Moi, j'ai douze ans. Et voilà mon chien!
Julian: Il s'appelle comment?
Pauline: Texar.
Julian: Bonjour Texar!
Pauline: Et toi, tu as des animaux?
Julian: Euh ... oui. Moi aussi, j'ai un chien et un chat. Et mon père a une perruche.
Pauline: Ton père?
Julian: Oui, j'habite avec ma mère et mon frère. Mon père habite à Bonn avec sa copine.
Pauline: Tu es à Sisteron avec ta mère?
Julian: Non, avec mes grands-parents. Et toi?
Pauline: Avec ma tante et ma cousine. Ma tante parle bien allemand.
La grand-mère de Julian: Julian, komm! Wir essen jetzt.
Julian: C'est ma grand-mère. Ich muss jetzt gehen. Alors, salut! À plus!
Pauline: À plus!

1. 1: J | 2: P J  | 3: J  | 4: J

2.
1. Pauline est à Sisteron avec: c ✗
2. Julian habite avec: c ✗

3. Julian a:
   a [X] un chien et un chat.   **b** [ ] un chien, un chat et une perruche.   **c** [ ] un chat et deux cochons d'Inde.
4. Le père de Julian a:
   a [ ] un chat.   **b** [X] une perruche.   **c** [ ] un chien.
5. Elle parle bien allemand, c'est:
   a [ ] Pauline.   **b** [ ] La grand-mère de Pauline.   **c** [X] La tante de Pauline.

COMPRÉHENSION DE L'ÉCRIT | Leseverstehen

3
1. Théo habite à ~~Lille~~. **Lyon**
2. Théo est en ~~cinquième~~. **sixième**
3. La mère de Théo travaille dans ~~un cybercafé~~. **une médiathèque**
4. Théo a ~~un chat et un cochon d'Inde~~. **une perruche et un chien**
5. Dans sa rue, il y a ~~une boulangerie~~. **un club de foot**
6. Jonathan a ~~douze~~ ans. **trois**

4
1. Il s'appelle Lucas. C'est **le frère** de Théo.
2. Elle parle bien allemand. C'est **la mère** de Théo.
3. Il est prof de sport. C'est **le père** de Théo.
4. Ils sont sympa. Ce sont **les animaux / le chien et la perruche** de Théo.
5. Il cherche un correspondant. C'est **Théo**.

VOCABULAIRE | Wortschatz

5
1. Henri et Yvette sont les **grands-parents** de Florian et Lucie.
2. Yvette est la **grand-mère** de Florian et Lucie.
3. Yves est le **père** de Florian et Lucie.
4. Florian et Lucie sont les **enfants** d'Yves et Annie.
5. Lucie est la **sœur** de Florian.
6. Et Florian, c'est le **fils** d'Yves et Annie.

6

			1▶	F	R	È	R	E
		2▶	G	R	A	N	D	-	P	È	R	E
			3▶	M	È	R	E
	4▶	C	O	U	S	I	N
		5▶	O	N	C	L	E
		6▶	F	I	L	L	E
7▶	C	O	U	S	I	N	E

Le mot solution est **famille** (= Familie).

7
1. trois + cinq = **huit**
2. neuf + dix = **dix-neuf**
3. neuf + deux = **onze**
4. dix + quatre = **quatorze**
5. dix + dix = **vingt**
6. neuf + six = **quinze**
7. neuf + sept = **seize**

GRAMMAIRE | Grammatik

8   Lucas: Salut! Ta famille et toi, vous **êtes** de Lyon?
Maëlle: Non, nous **sommes** de Marseille mais nous **habitons** à Lyon.
Lucas: Tu **as** des frères et sœurs?
Maëlle: Oui, j'**ai** un frère. Il **a** onze ans.
Lucas: Tes parents **ont** quel âge?
Maëlle: 45 ans.
Lucas: Vous **avez** des animaux?
Maëlle: Oui. Nous **avons** un chien et deux perruches. Mais le chien, c'**est** le chien de mon frère.
Lucas: Tes copains et tes copines, ce **sont** qui?
Maëlle: Sandra et Alexandre. Ils **sont** super sympa.
Lucas: Tu **parles** allemand?
Maëlle: Oui, je **parle** un peu allemand.

9
1. Voilà **ma** famille: **mon** père, **ma** mère, **ma** sœur et **mes** frères. Moi, je suis avec **mes** perruches.
Regarde mon frère Luc: il est avec s**on** chat.
2. Voilà **mon** amie Sandra.
3. Et toi, **tes** frères et sœurs s'appellent comment?
4. **Ta** mère et **ton** père ont quel âge?
5. **Tes** copains s'appellent comment?

MÉDIATION | Sprachmittlung

10   Il s'appelle Jörn Schlönvoigt. Dans GZSZ, il s'appelle Philipp Höfer.
Dans GZSZ, il est Philipp, le frère d'Emily.
Jörn a 25 ans.
Il habite à Berlin.
Jörn a une sœur, Chantal.
La copine de Jörn s'appelle Sila Sahin. Il a un chat.

Elle s'appelle Anne Menden. Dans GZSZ, elle s'appelle Emily Höfer.
Anne a 26 ans.
Elle habite à Berlin aussi.
Anne a une sœur, elle s'appelle Angela.
Anne a un chien et une perruche.

VERSION | Übersetzung

11
1. Théos Vater ist Sportlehrer.
2. Er ist in der Schule und er spricht mit seinen Schülern.
3. Wie alt sind sie?
4. Sie sind in der 7. Klasse, also sind sie 13 Jahre alt.
5. Le père de Théo: Habt ihr Fragen? Aber … Wer singt (hier)?
6. Robin: Mist! Das ist mein Wellensittich!

PRODUCTION ÉCRITE | Schriftliche Produktion

12
1. Salut Grégoire,
2. J'ai treize ans.
3. J'habite à Bonn avec ma mère et mes deux sœurs.
4. Ma grand-mère habite à côté.
5. Ma mère s'appelle Martina. Elle travaille dans une librairie.
6. Ma sœur Franziska a dix ans, ma sœur Isabell a quatorze ans.
7. Nous avons un chat et deux perruches.
8. Mes copains s'appellent Philipp et Julian.
9. Tu parles un peu allemand?
10. À plus!
    Felix

Unité 5 Chez les Fournier

COMPRÉHENSION DE L'ORAL | Hörverstehen

Elle est comment, ta chambre?

Le journaliste: Bonjour. J'ai des questions.
Théo: Bonjour!
Le journaliste: Tu t'appelles comment?
Théo: Je m'appelle Théo.
Le journaliste: Où est ta chambre chez tes parents?
Théo: Euh … elle est à côté du salon.
Le journaliste: Et qu'est-ce qu'il y a dans ta chambre?
Théo: Il y a un lit, il y a aussi un bureau, une chaise, une armoire, des étagères, des photos de mon club de foot et une console à côté de mon lit.
Le journaliste: Il y a un ordinateur aussi?
Théo: Non, l'ordinateur est dans le salon.
Le journaliste: Tu travailles dans ta chambre?
Théo: Oui, souvent.
Le journaliste: Merci*, au revoir!

Le journaliste: Bonjour. J'ai des questions.
Léonie: Bonjour.
Le journaliste: Tu t'appelles comment?
Léonie: Je m'appelle Léonie.
Le journaliste: Où est ta chambre chez tes parents?
Léonie: Elle est entre la chambre de mes parents et la salle de bains.
Le journaliste: Et qu'est-ce qu'il y a dans ta chambre?
Léonie: Mon lit, et aussi le lit de ma sœur, une armoire, deux bureaux avec deux chaises, des livres, des boîtes, un ordinateur et mon cochon d'Inde Léonardo. Ah, et aussi un miroir.
Le journaliste: Où est le miroir?
Léonie: Hm … À droite de la porte.
Le journaliste: Tu travailles dans ta chambre?
Léonie: Oui, je suis toujours dans ma chambre. Je travaille, j'écoute mon lecteur mp3, je parle avec ma sœur, je chante devant le miroir …
Le journaliste: Merci, au revoir!
Léonie: Au revoir.

* **merci** danke

1

2
1. La chambre de Théo est à côté **du salon**.
2. Il y a un ordinateur dans **le salon**.
3. Théo travaille **souvent** dans sa chambre.

3

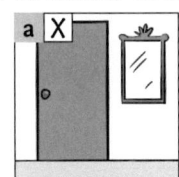

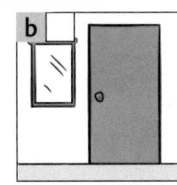

1. La chambre de Léonie est:
   - a ☐ à côté de la chambre de ses parents.
   - b ☐ entre la chambre de ses parents et la cuisine.
   - c ☒ entre la chambre de ses parents et la salle de bains.
2. Dans la chambre de Léonie, il y a:
   - a ☐ un lit.
   - b ☒ deux lits.
3. Léonie a deux bureaux dans sa chambre.
   - a ☒ Vrai.
   - b ☐ Faux.
4. Dans la chambre de Léonie, il y a:
   - a ☐   b ☒   c ☐
5. Le miroir de Léonie est:
   - a ☒   b ☐   c ☐
6. Dans sa chambre, Léonie:
   - a ☒   b ☐   c ☐

COMPRÉHENSION DE L'ÉCRIT | Leseverstehen

4

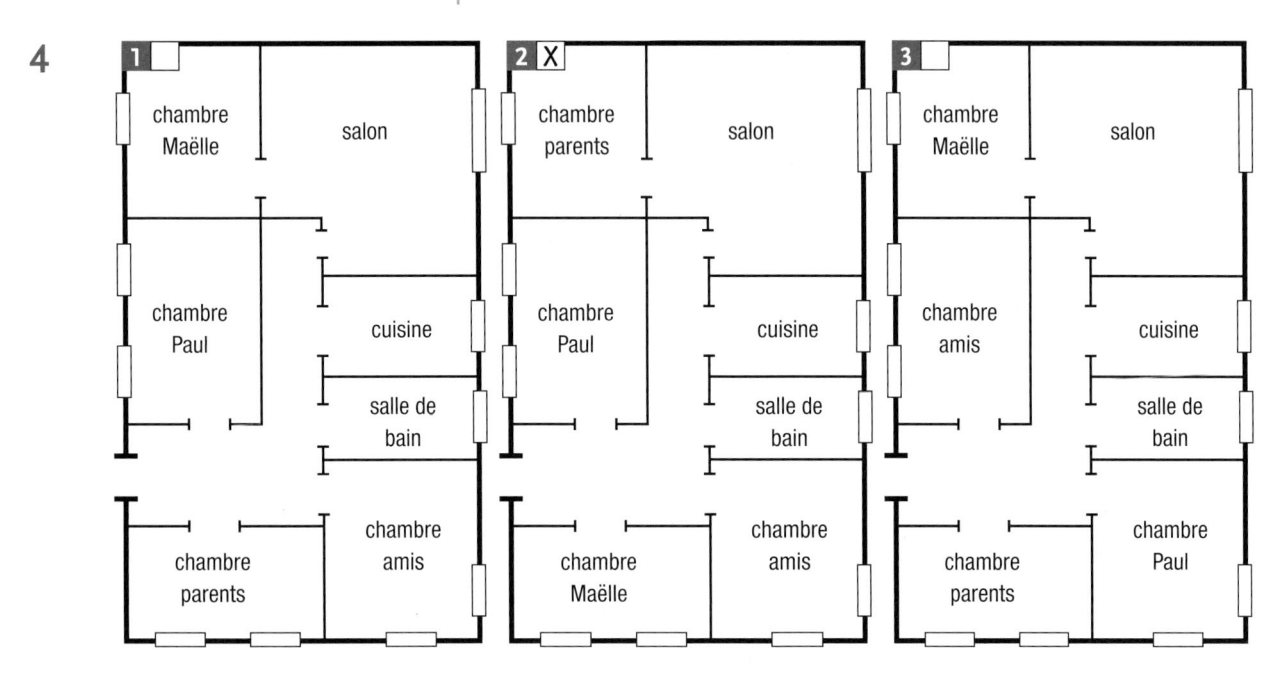

1 ☐ 2 ☒ 3 ☐

Unité 5

5

		Vrai	Faux
1.	Paul a un ordinateur dans sa chambre.	☐	☒
	«Sur le bureau, c'est mon ordinateur mais c'est aussi l'ordinateur de mon frère!»		
2.	Le chien de Monsieur Dupas s'appelle Bigorre.	☐	☒
	«Paul a deux consoles! Son chien Bigorre»		
3.	Maëlle a des photos de Franziska et de ses copines dans sa chambre.	☒	☐
	«il y a une boîte avec des photos de mes copines et même une photo de toi!»		
4.	Franziska va dormir dans la chambre de Maëlle.	☐	☒
	«la chambre d'amis est aussi ta chambre.»		
5.	Madame Dupas lit souvent des livres.	☒	☐
	«maman lit un livre, comme souvent.»		
6.	La console de Paul est dans le salon.	☐	☒
	«À droite de son lit, Paul a deux consoles!»		

VOCABULAIRE | Wortschatz

6 1. d – 2. f – 3. b – 4. c – 5. a – 6. g – 7. e

7

1. Francis est **devant** la porte. 
2. Francis est **sur** l'**étagère**. 
3. Francis est **dans** la **cuisine**. 
4. Francis est **entre** les ordinateurs. 
5. Francis est **derrière** l'ordinateur. 
6. Francis est **sous** le **livre**.

8 1. une armoire + un lit + un bureau + une chaise → des meubles dans une chambre
2. la grand-mère + le grand-père + les parents + les enfants → la famille
3. la chambre + le salon + la salle de bains + le couloir → l'appartement

GRAMMAIRE | Grammatik

9 David: Papa, Grégoire **est** dans sa chambre?
Le père: Non, il est chez son copain Thomas. Tu **as** une question?
David: Oui, je **cherche** mes mangas.
Le père: Ils **sont** sur ton bureau, comme toujours ... Grégoire et toi, vous **avez** cours à neuf heures demain?
David: Oui.
Le père: Et toi, tu **rentres** à cinq heures?
David: Oui, comme toujours!
Le père: Alors demain, nous **mangeons** à sept heures. Après, je **suis** au club de foot.
David: Ok.
Le père: On **regarde** un film ensemble?
David: Oui, super! J'**ai** un film dans mon sac.

10 Chez les Fleurot, les chambres **des** garçons sont entre le salon et la cuisine.
La chambre de Lucas est à côté **de la** chambre de Théo.
Dans la chambre de Lucas, il y a une armoire. À côté **de l'**armoire, il y a le lit, et à côté **du** lit, il y a le lit **du** chien! À droite **de la** porte, il y a le VTT de Lucas, et à gauche **des** étagères, il y a un bureau, une chaise, des livres et, bien sûr, une console.

11 1. Maëlle: *Où est mon livre?*
   Paul: Ton livre? Il est sur le bureau.
2. Madame Dupas: *Où sont les clés?*
   Monsieur Dupas: Les clés? Elles sont dans le salon.
3. Maëlle: *Qui est* dans la salle de bains?
   Madame Dupas: Papa.
4. Paul: *Qu'est-ce que maman regarde?*
   Monsieur Dupas: Maman? Elle regarde un film avec Brad Pitt.
5. Paul: *Qu'est-ce qu'il y a sous ton lit?*
   Maëlle: Sous mon lit? Il y a une boîte avec des photos.

12 1. **Mangez**, c'est bon!
2. Les garçons, **rangez** la chambre!
3. Jules, **dépêche**-toi!
4. **Regarde**, c'est Julian, mon copain de Berlin.
5. **Regardons** le texte ensemble!

MÉDIATION | Sprachmittlung

13 1. Du: Elle *est entre la porte et la salle de bains des garçons.* / Elle *est à côté de la porte.* / Elle *est à côté de la salle de bains des garçons.*
2. Du: Elle *est entre le salon et la salle de bains des filles.* / Elle *est à côté du salon.* / Elle *est à côté de la salle de bains des filles.*

3. Du: Il est entre la cuisine et la chambre des filles. / Il est à côté de la cuisine. / Il est à côté de la chambre des filles.
4. Du: Elle est entre la salle de bains des garçons et la salle de bains des profs. / Elle est à côté de la salle de bains des garçons. / Elle est à côté de la salle de bains des profs.
5. Du: Elle est entre la chambre des filles et la salle de bains des profs. / Elle est à côté de la chambre des filles. / Elle est à côté de la salle de bains des profs.

VERSION | Übersetzung

14
1. Lucas sitzt vor seiner Spielconsole in seinem Zimmer.
2. Monsieur Fleurot: Lucas, beeil' dich. Du hast um neun Uhr Unterricht.
3. Lucas: Papa, wo ist mein Schlüssel?
4. Monsieur Fleurot: Du suchst immer deinen Schlüssel. Sieh mal in deiner Sporttasche nach.
5. Lucas: Wo ist meine Sporttasche?
6. Monsieur Fleurot: Im Flur, wie immer.
7. Théo: Lucas, schau mal. Dein Schlüssel liegt hinter der Schachtel im Regal.

PRODUCTION ÉCRITE | Schriftliche Produktion

15
1. Salut, Pauline. Ça va?
2. Voilà la photo de ma chambre.
3. J'ai une chambre avec ma sœur Camille.
4. On parle souvent ensemble sur mon/son lit.
5. Le sac est à côté / à gauche de l'armoire, le lecteur mp3 est sur le lit, le miroir est sur l'armoire / sur la porte de l'armoire, le poster est sur le mur, l'ordinateur est sur le bureau, les mangas sont sous le lit et le chat est sur le lit de Camille.
6. Qu'est-ce qu'il y a dans la boîte sous l'armoire?
7. Ce sont les photos de mes copains.
8. Qu'est-ce qu'il y a dans ta chambre?
9. À plus!

Unité 6 C'est la fête!

COMPRÉHENSION DE L'ORAL | Hörverstehen

🎧 6

Une fête pour Léonie

Pauline: Lucas, qu'est-ce qu'on fait pour l'anniversaire de Léonie?
Lucas: C'est quand, son anniversaire?
Pauline: Oh, Lucas, tu es aussi l'ami de Léonie! Son anniversaire, c'est le 13 JUIN!!
Lucas: Ah! C'est jeudi!
Pauline: Oui, c'est jeudi. Alors, tu as une idée?
Lucas: Est-ce qu'elle organise une fête?
Pauline: Non, sa mère n'est pas d'accord. Mais j'ai une idée: on fait la fête chez moi!
Lucas: Cool! Vendredi ou samedi?
Pauline: Samedi, non?
Lucas: D'accord. Et on invite qui?
Pauline: Les copains et les copines de la cinquième B.
Lucas: Okay, et sa cousine Samantha aussi? Elle est sympa.
Pauline: D'accord! Et ton frère?
Lucas: Théo? Euh ... Non, samedi, il n'est pas là.
Pauline: Tu as une idée pour le cadeau?
Lucas: Je ne sais pas ... Des mangas peut-être?
Pauline: Non, les mangas, c'est pour les garçons.
Lucas: Hm, alors, un cadeau de fille ... un DVD de Twilight?
Pauline: Non, ce n'est pas possible, elle a déjà les DVD de Twilight. Non, j'ai une idée ... un miroir pour sa chambre!
Lucas: D'accord! Toi, tu achètes* le miroir avec Samantha et moi, je fais des gâteaux avec ma mère, d'accord?
Pauline: Oui, et les copains et les copines apportent les salades!
Lucas: Et les CD!
Pauline: Super!

* **tu achètes** du kaufst

1
1. L'anniversaire de Léonie, c'est le:
   a [X] 13.06.   b [ ] 16.06.   c [ ] 30.06.
2. La fête est chez:
   a [ ] Léonie.   b [X] Pauline.   c [ ] Lucas.
3. La fête est:
   a [ ] jeudi.   b [ ] vendredi.   c [X] samedi.
4. Lucas et Pauline invitent:
   a [ ] les filles et les garçons de la cinquième A.
   b [ ] les garçons de la cinquième B.
   c [X] les filles et les garçons de la cinquième B.
5. Lucas et Pauline invitent aussi:
   a [ ]   b [ ]   c [X]

6. Le cadeau, c'est:

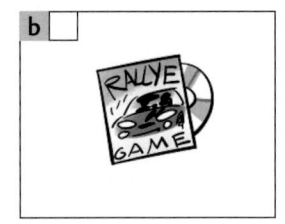

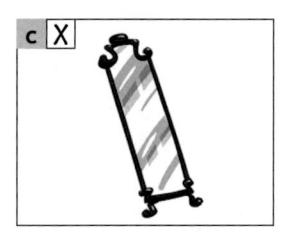

a ☐   b ☐   c ☒

7. Pauline cherche le cadeau avec **Samantha**.
8. Lucas fait des gâteaux avec sa **mère**.
9. Les copains et les copines apportent:

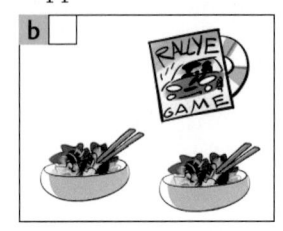

a ☒   b ☐   c ☐

COMPRÉHENSION DE L'ÉCRIT | Leseverstehen

2
1. Ce soir, c'est l'anniversaire du **père de** Maëlle.
2. Qui arrive à 19 heures? Coche.

3. Ce soir, ils mangent:

a ☐   b ☒   c ☐

4. Qui fait le gâteau?

a ☒   b ☐   c ☐

5. Le père de Maëlle est:

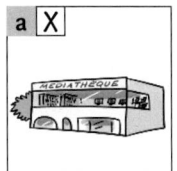

a [X] (MÉDIATHÈQUE)   b [ ] (LIBRAIRIE)   c [ ] (BOULANGERIE)

6. Il rentre à:

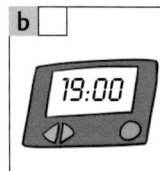

a [ ] 18:00   b [ ] 19:00   c [X] ?

7. Les cadeaux, ce sont (trois réponses):

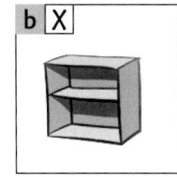

a [ ] (Tintin)   b [X] (étagère)   c [ ] (lecteur mp3)   d [X] (portable)   e [X] (cadeau)   f [ ] (livre)

8. Maëlle est chez sa copine **samedi** soir.

VOCABULAIRE | Wortschatz

3
1. **Comme** toujours, Maëlle fête son anniversaire **avec** sa famille **et** ses amis.
2. Son amie Sandra est **déjà** là.
3. Et Alexandre, il arrive **quand**?
4. Maëlle fait son numéro **sur** son portable.
5. **Mais**, qu'est-ce que c'est?
6. Son frère Paul et Alexandre sont **dans** la cuisine!
7. Ils préparent un gâteau. Et le gâteau est pour **qui**?
8. Pour Maëlle, **bien sûr**!

4

1. une bédé
2. des perruches 
3. un CD 
4. des boîtes 
5. un portable 
6. des gâteaux 

5
1. toujours – <u>sous</u> – souvent – après
2. la fête – la surprise – <u>la clé</u> – le gâteau
3. la chaise – l'armoire – le miroir – <u>le cours</u>
4. <u>le surveillant</u> – l'enfant – les parents – la sœur

Unité 6   21

GRAMMAIRE | Grammatik

6 Léonie et sa copine Pauline **font** les devoirs et elles **parlent** aussi ensemble.
Pauline: Léonie, tu **as** une idée pour l'anniversaire de Lucas?
Léonie: Hm … On **fait** une fête-surprise chez moi?
Pauline: Chez toi? Et tes parents?
Léonie: Mes parents? Ils **sont** toujours d'accord.
Pauline: Et nous **faisons** la fête quand?
Léonie: Samedi, à 15 heures?
Pauline: Cool! Tu **invites** les filles et les garçons de la cinquième B?
Léonie: Oui. Et nous **mangeons** des salades et un gâteau?
Pauline: Oui, d'accord. Moi, je **fais** les salades. Et ta mère et toi, vous **faites** un gâteau?
Léonie: Super! Et qui **cherche** un cadeau?
Pauline: Moi! J'**ai** déjà une idée.
Léonie: Des baskets?!

7
1. David: **Est-ce que tu es en sixième?**
   Paul: Oui.
2. David: **Est-ce que tu as des animaux?**
   Paul: Oui, j'ai un chien.
3. David: **Quel âge tu as?**
   Paul: J'ai onze ans.
4. David: **Tu habites où?**
   Paul: Entre la librairie et le cybercafé.
5. David: **C'est quand ton anniversaire? / Ton anniversaire, c'est quand?**
   Paul: C'est le 22 novembre.
6. David: **Est-ce que tu organises une fête?**
   Paul: Non, mes parents ne sont pas d'accord.
7. David: **Qu'est-ce que tu fais ce soir?**
   Paul: Je fais mes devoirs.
8. David: **Tu rentres quand?**
   Paul: Je rentre à 17 heures.

8
1. Pauline: Léonie, est-ce que tu écoutes ton lecteur mp3?
   Léonie: Non, je **n'écoute pas** mon lecteur mp3. Je regarde un DVD.
   Pauline: C'est le DVD de Lucas?
   Léonie: Non, ce **n'est pas** le DVD de Lucas. C'est le DVD de mon cousin.
2. Monsieur Fleurot: Les garçons, vous faites le gâteau pour maman?
   Lucas: Non, nous **ne faisons pas** le gâteau pour maman. Nous rangeons le salon.
   Monsieur Fleurot: Et vous faites le gâteau quand?
   Lucas: Après. Mais papa, tu as les bougies?
   Monsieur Fleurot: Non, je **n'ai pas** les bougies. Mais je passe par le supermarché après le foot.

MÉDIATION | Sprachmittlung

9
1. C'est l'anniversaire de Philipp.
2. C'est le premier février à 14 (quatorze) heures.
3. On rentre à 17 (dix-sept) heures.
4. C'est chez Luisa, dans le salon. / C'est dans le salon de Luisa.
5. Elle invite les garçons et les filles de la cinquième B.
6. On mange deux gâteaux et des salades.
7. On danse, on mange et on parle.
8. C'est un sac de sport.

VERSION | Übersetzung

10
1. Es ist Sonntag.
2. Théo hat Geburtstag.
3. Seine Eltern und sein Bruder Lucas sind da.
4. Aber seine Freunde kommen auch.
5. Das ist eine Überraschung für Théo.
6. Sie hören CDs und schauen Mangas an, aber sie tanzen nicht.
7. Und hier ist das Geschenk von seinen Eltern: ein Meerschweinchen!

PRODUCTION ÉCRITE | Schriftliche Produktion

11
1. Ma mère et moi, nous faisons / on fait un ou deux gâteaux et une salade.
2. Nous faisons toujours la fête dans le salon.
3. Nous invitons mes cousins et mes grands-parents et ils apportent des cadeaux.
4. Nous mangeons ensemble.
5. Après, les garçons sont devant ma/la console, les filles regardent des mangas et parlent.

Unité 7 — Mes hobbys

COMPRÉHENSION DE L'ORAL | Hörverstehen

Grégoire téléphone à Pauline

Pauline: Allô?
Grégoire: Salut Pauline. C'est Grégoire.
Pauline: Salut! Ça va?
Grégoire: Ça va. Qu'est-ce que tu fais?
Pauline: Je surfe sur Internet. Et toi?
Grégoire: Oh … je regarde la télé. Écoute, on va au cinéma ensemble à 16 heures?
Pauline: Oh, non, ce n'est pas possible aujourd'hui. Mon père arrive à 18 heures.
Grégoire: Et alors?
Pauline: D'abord, on va au club de foot et après le foot, on mange ensemble.
Grégoire: Vous allez au club de foot? Tu aimes le foot, toi?
Pauline: Oui, j'adore ça.
Grégoire: Moi, j'aime le foot aussi. Et j'adore le basket. Tu aimes le basket aussi?
Pauline: Bof. Mais j'aime le tennis.
Grégoire: Moi aussi. Samedi après-midi, je vais au club de tennis avec ma cousine. Tu as le temps, samedi?
Pauline: À quelle heure?
Grégoire: À trois heures.
Pauline: D'accord.
Grégoire: Super! Hey, Pauline … en juillet, je fais un stage de tennis.
Pauline: Cool! Une semaine?
Grégoire: Non, deux semaines. À Marseille. C'est pour les 13 à 15 ans.
Pauline: Mais je n'ai pas 13 ans, moi …
Grégoire: C'est quand, ton anniversaire?
Pauline: Le 26 juin.
Grégoire: Alors, ce n'est pas un problème.
Pauline: Ah oui! Ton idée est super. Tu as le numéro?
Grégoire: Oui, c'est le 03 90 77 61 27.
Pauline: 03 90 77 …?
Grégoire: … 61 27.
Pauline: À plus!
Grégoire: À plus, Pauline!

1
1. Pauline est chez elle, devant l'ordinateur.
   - a [X] Vrai.
   - b [ ] Faux.
2. Grégoire:
   - a [X] va au cinéma.
   - b [ ] va au cinéma avec Pauline.
   - c [ ] va au cinéma avec sa cousine.
3. Pauline:
   - a [X] va au club de foot avec son père.
   - b [ ] range l'appartement avec son père et va au club de foot.
   - c [ ] va au cinéma avec Grégoire.

4. Pauline aime:
   - a ☐ le foot et le basket.
   - b ☒ le foot et le tennis.
   - c ☐ le tennis et le basket.
5. Samedi, Pauline et Grégoire vont au club de foot ensemble.
   - a ☐ Vrai.
   - b ☒ Faux.
6. Grégoire fait un stage de tennis en **juillet**.
7. Pauline a:
   - a ☒ 12 ans.
   - b ☐ 11 ans.
   - c ☐ 13 ans.
8. L'anniversaire de Pauline, c'est le **26 juin**.
9. Le numéro de téléphone pour le stage, c'est le **03** 90 **77** 61 **27**.

COMPRÉHENSION DE L'ÉCRIT | Leseverstehen

2

1. ♥ Zoé / ♥ Ophélie
2. ♥ Zoé / ♥ Ophélie
3. ♥ Nathan / ♥̸ Ophélie
4. ♥ Ophélie / ♥̸ Nathan
5. ♥ Ophélie / ♥̸ Zoé

3

	Vrai	Faux	Pas dans le texte
1. Zoé danse.	X		
2. Zoé fait la cuisine pour sa famille.	X		
3. Zoé fait ses devoirs dans sa chambre.		X	
4. Ophélie aime les animaux.	X		
5. Ophélie a un cheval et un chien.		X	
6. Nathan fait du tennis avec des copains.			X
7. Nathan fait ses devoirs dans sa chambre.			X
8. Nathan fait toujours du skate le lundi.		X	

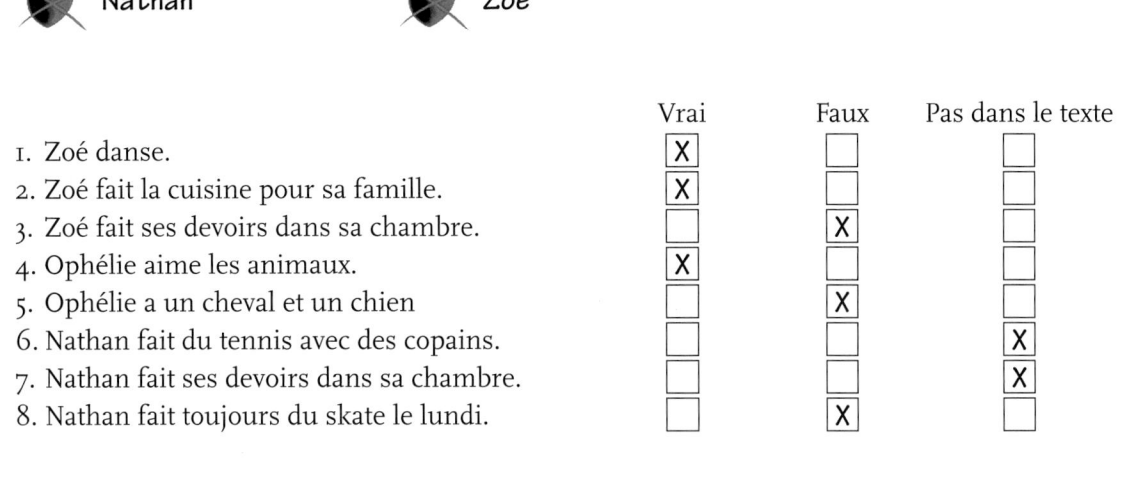

VOCABULAIRE | Wortschatz

4 Maëlle n'a pas le temps **aujourd'hui**. Elle prépare un exposé **pour** l'école. **D'abord**, elle cherche des informations **sur** Internet.
Son portable sonne.
Léonie: Salut Maëlle! Tu vas au cinéma **avec** moi, **ce soir**?
Maëlle: Non, je travaille.
Léonie: Mais tu travailles **toujours**, Maëlle!
Maëlle: Écoute, je prépare un exposé mais je voudrais **aussi** avoir du temps avec toi! Tu passes **chez** moi **après** cinq heures?
Léonie: D'accord, j'arrive à 17h30!

5 1. f – 2. a – 3. e – 4. c – 5. b – 6. g – 7. d

6 1. une sa**l**ade + un gâ**t**eau + une ta**rt**ine + des sp**agh**ettis → des aliments
2. la mu**s**ique + le ba**sk**et + le sk**at**e + le te**nn**is → des hobbys
3. l'**h**eure + l'a**pr**ès-midi + le we**ek**-end + la se**m**aine → le temps

GRAMMAIRE | Grammatik

7 **C'est** mercredi. Après le collège, Maëlle et Sandra **vont** dans le parc. Elles **mangent** une salade.
Maëlle: Tu **passes** par la médiathèque avec moi?
Sandra: D'accord. Qu'est-ce que tu **cherches**?
Maëlle: Un livre pour mon exposé. Nous **préparons** des exposés avec Madame Leduc.
Sandra: Et est-ce que tu **as** le temps, après? Moi, je **passe** chez Louise.
Maëlle: Oui. Qu'est-ce que vous **faites**, Louise et toi?
Sandra: Nous **faisons** la cuisine ensemble.

8 1. **Madame Fleurot:** Lucas, tes copains et toi, vous avez un ⬚cadeau⬚ pour l'anniversaire de Léonie?
Lucas: Oui, nous avons même deux **cadeaux**!
2. Les Fleurot ont un ⬚fils⬚ ou deux **fils**?
3. Dans la chambre de Pauline, il y a une ⬚boîte⬚ avec des photos sur le bureau. Dans la chambre de Léonie, il y a cinq **boîtes** avec des photos sous le lit!
4. **Léonie:** Est-ce que Maëlle a un ⬚animal⬚?
Pauline: Oui, elle a même trois **animaux**: deux perruches et un chien.
5. Théo cherche le ⬚DVD⬚ de «Shrek» et Zoé cherche les **DVD** de Twilight.
6. Louis a un ⬚cheval⬚ et son oncle a trois **chevaux**.

9 1. **Monsieur Dupas:** Vous **allez à la** médiathèque?
Maëlle et Paul: Non, nous **allons au** roller parc.
2. **Théo:** Tu **vas à l'**école?
Lucas: Oui, mais je **vais à la** boulangerie d'abord.
3. Paul et Maëlle **vont aux** Deux-Alpes en février.
4. Sandra **va au** cinéma avec son copain.

10 1. ♥ Pauline **aime la musique.**
2. ♥♥ Théo **adore le VTT.**
3. ♥♥ Maëlle et Sandra **adorent le cheval.**
4. ♥ Paul et Jules **aiment la photo.**

MÉDIATION | Sprachmittlung

11 1. Du: Elle aime même le foot!
2. Du (Frage von Verena): Est-ce que tu aimes le sport?
3. Du: Verena adore les animaux.
4. Du (Frage von Verena): Est-ce que tu as des animaux?
5. Du: Elle adore surfer sur Internet.
6. Du: Mais elle n'aime pas regarder la télé.
7. Du (Frage von Verena): Qu'est-ce que tu n'aimes pas faire?
8. Du (Frage von Verena): Est-ce que tu as le temps en août?
9. Du: Elle est (pour) une semaine chez son oncle à Paris.

VERSION | Übersetzung

12 1. Heute macht Léonie Interviews.
2. Die Frage ist: „Was machst du gerne nach der Schule?"
3. Pauline geht gerne mit ihrem Hund in den Park.
4. Aber sie chattet auch gerne mit ihren Freundinnen.
5. Lucas geht oft ins Stadion. Er mag Fußball sehr.
6. Und Théo? Er mag gerne Mountainbikefahren und die Natur.
7. Théo: Ich möchte gerne einen Mountainbike-Kurs machen, aber ich bin noch nicht 15 Jahre alt.

PRODUCTION ÉCRITE | Schriftliche Produktion

13 Salut!
Je m'appelle Lena, j'ai 13 ans et j'habite à Kiel. J'ai un frère, il a cinq ans. Et j'ai un chat. J'aime le quad et regarder la télé. J'adore la musique, les bédés, aller au cinéma et dessiner. Je n'aime pas les devoirs et le foot! Qu'est-ce que tu aimes? Qu'est-ce que tu n'aimes pas?
À plus!
Lena

Unité 8 Planète collège

COMPRÉHENSION DE L'ORAL | Hörverstehen

🎧 8

Grégoire téléphone à sa cousine

Yasmine: Allô?
Grégoire: Salut Yasmine. C'est Grégoire.
Yasmine: Salut! Ça va?
Grégoire: Ça va. Et toi?
Yasmine: Bof. Je travaille pour le collège.
Grégoire: Moi aussi. Jeudi, on a une interro de maths.
Yasmine: Oh, moi, j'aime les maths mais je n'aime pas les interros!
Grégoire: Moi, je n'aime pas les maths. J'aime le français et l'histoire-géo.
Yasmine: Pour moi, l'histoire-géo, c'est l'horreur. Mais j'aime bien le français. Notre prof est sympa.
Grégoire: Écoute, je voudrais aller au cinéma avec toi mercredi après-midi. Tu peux?
Yasmine: Euh ... Ce n'est pas possible. Le mercredi après-midi, j'ai cours de basket. Tes copains ne peuvent pas aller avec toi?
Grégoire: Non, ils n'ont pas le temps. Pauline est avec son père et Lucas est au club de tennis.
Yasmine: Ton film est à quelle heure?
Grégoire: À 17h30.
Yasmine: Ah, à 17h30! Alors, ce n'est pas un problème. Je peux aller avec toi. J'ai cours de basket à 13h45.
Grégoire: Qu'est-ce que tu as comme cours le mercredi?
Yasmine: J'ai histoire-géo, sport, maths et allemand. Et toi?
Grégoire: Moi, j'ai deux heures de français et musique. Et après, je rentre à la maison.
Yasmine: Waouh! C'est super pour toi!
Grégoire: Oui, c'est super parce que je peux manger à midi et après, je vais au foot.
Yasmine: Cool!
Grégoire: Alors, à demain, Yasmine!
Yasmine: À plus!

1
1. Yasmine fait ses devoirs.
   - **a** [X] Vrai.
   - **b** [ ] Faux.
2. Grégoire:
   - **a** [ ] adore les maths.
   - **b** [X] n'aime pas les maths.
   - **c** [ ] déteste le français.
3. Yasmine aime:
   - **a** [ ] l'histoire-géo.
   - **b** [ ] le français.
   - **c** [X] les maths.
4. Grégoire va au cinéma:
   - **a** [ ] aujourd'hui.
   - **b** [X] mercredi.
   - **c** [ ] samedi.
5. Lucas ne peut pas aller au cinéma parce qu'il a cours de skate.
   - **a** [ ] Vrai.
   - **b** [X] Faux.
6. Pauline est avec:
   - **a** [ ] sa mère.
   - **b** [X] son père.
   - **c** [ ] sa tante.

7. Le film est à:

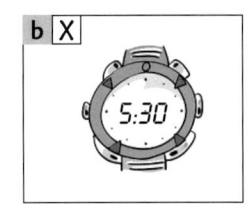

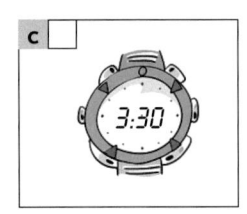

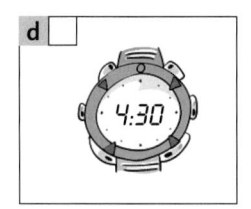

a ☐ 1:30   b ☒ 5:30   c ☐ 3:30   d ☐ 4:30

8. Yasmine peut aller au cinéma avec Grégoire parce que son cours de basket est à:

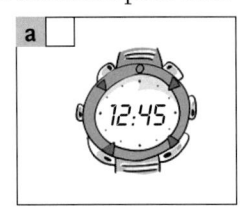

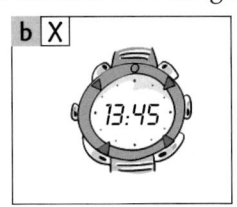

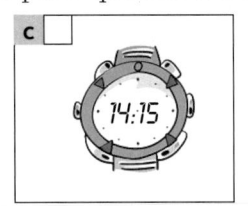

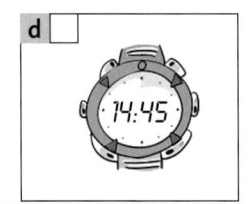

a ☐ 12:45   b ☒ 13:45   c ☐ 14:15   d ☐ 14:45

9. Le mercredi après-midi, Grégoire a cours de:

a ☒   b ☐   c ☐   d ☐

2

Mercredi matin	Grégoire	Yasmine
8:25 – 9:20	6	5
9:25 – 10:20	6	3
10:35 – 11:30	1	2
11:35 – 12:30		4

COMPRÉHENSION DE L'ÉCRIT | Leseverstehen

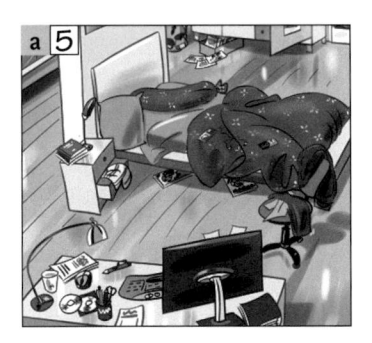

3

a 5   b 4   c 1

d 6   e 3   f 2

Unité 8

4

	Vrai	Faux
1. Léonie aime bien faire des exposés avec Monsieur Ferry.		X
«J'adore M. Ferry mais je n'aime pas les exposés.»		
2. Léonie aime l'histoire avec Monsieur Lancenot.	X	
«M. Lancenot, le nouveau prof est cool! Maintenant, j'aime aussi l'histoire!»		
3. Léonie a toujours cours à 9 h 25 le mardi.		X
«Aujourd'hui, j'ai cours à 9 h 25 parce que Mme Dumoncel n'est pas là!»		
4. Monsieur Ferry aime bien les bédés.	X	
«Il a déjà 69 bédés! Il adore ça.»		
5. Léonie a des problèmes en anglais.	X	
«9/20 à l'interro d'anglais …»		
6. Le week-end, Léonie ne travaille pas pour l'école.		X
«Samedi après-midi, je prépare un exposé de musique pour lundi.»		

VOCABULAIRE | Wortschatz

5

1. ▶ F A U T E
2. ▶ M A I N T E N A N T
3. ▶ V O U S
4. ▶ S U I S
5. ▶ C O L L È G E
6. ▶ É L È V E S
7. ▶ I N T E R N E T

Le mot solution est **feuille** (= Blatt).

6
1. le gymnase – la salle de permanence – <u>le salon</u> – le secrétariat
2. la minute – le quart – l'heure – <u>la réponse</u>
3. <u>la montre</u> – le mot d'excuse – l'interrogation – le devoir
4. le week-end – <u>la faute</u> – la semaine – le jour

GRAMMAIRE | Grammatik

7
Pauline, Léonie et Lucas **sont** à la cantine.
Léonie: Qu'est-ce que vous **faites** aujourd'hui après l'école?
Pauline: Moi, je **prépare** mon exposé. Et toi?
Léonie: Moi, je **vais** chez ma cousine. Nous **faisons** un gâteau pour l'anniversaire de sa mère.
Lucas: Grégoire et moi, on **va** au club de foot.
Léonie: Tu **peux** passer chez moi après le foot?
Lucas: Non, je **ne peux pas**. Après le foot, nous **mangeons** et je **fais** mes devoirs. Pourquoi?
Léonie: Parce que j'**ai** une interro de maths. Moi et les maths …
Lucas: Tes parents **ne peuvent pas** faire les maths avec toi?
Léonie: Non, ce **n'est pas** possible. Mes parents **vont** au cinéma.
Pauline: Mais mon cousin et moi, nous **pouvons** passer chez toi. Mon cousin **adore** les maths et il **peut** t'aider.
Léonie: Super! Merci.

8
1. Madame Dupas: **Qu'est ce que tu as** le jeudi?
   Maëlle: J'ai histoire-géo, allemand, maths et sport.
2. Maëlle: Samedi après-midi, Sandra organise une fête.
   Madame Dupas: **Pourquoi est-ce qu'elle organise une fête?**
   Maëlle: Elle organise une fête parce que c'est son anniversaire.
3. Monsieur Dupas: **Où est-ce que vous faites la fête?**
   Maëlle: Nous faisons la fête dans son salon.
4. Monsieur Dupas: Et **quand est-ce que tu rentres?**
   Maëlle: Je rentre à six heures.
5. Monsieur Dupas: **Qui est à la fête** aussi?
   Maëlle: Alexandre, son cousin et des filles de la classe de Sandra sont à la fête aussi.
6. Madame Dupas: **Comment est-ce que tu vas chez Sandra?** Ton père et moi, nous ne sommes pas là samedi après-midi.
   Maëlle: Je vais chez Sandra à pied.

9
1. Pauline: Regarde, c'est ma copine Léonie avec **son** ordinateur.
2. Pauline: Ici, c'est Léonie et moi avec **nos** copains, Lucas et Grégoire, au roller parc.
3. Annika: Et là, c'est qui?
   Pauline: C'est Léonie avec **sa** cousine Samantha, dans la chambre de Léonie.
4. Annika: Regarde. Ce sont mes parents avec **leurs** amis. Ils sont sympa.
5. Annika: Là, c'est une photo de ma sœur avec **ses** copines, dans **notre** cuisine.
6. Pauline: J'ai une photo de mon père avec **sa** copine. Elle est cool.
7. Pauline: Et là, c'est Madame Leduc, **ma/notre** prof d'allemand.
   Annika: **Tes/Vos** profs sont sympa?
   Pauline: Oui, J'aime beaucoup Madame Leduc et Monsieur Ferry, le prof de français.
8. Annika: Regarde. Voilà mes parents avec **leur/notre** cheval.
   Pauline: Tes parents ont un cheval? Cool!
9. Annika: Vous avez aussi des animaux?
   Pauline: Oui, nous avons un chat et une perruche. Voilà **notre** chat, il s'appelle Sally.
10. Annika: Et tu as une photo de **votre** perruche?
    Pauline: Euh … non!

MÉDIATION | Sprachmittlung

10
1. Du: Sie hat am 13. März Geburtstag und ist 12 Jahre alt.
2. Du: Die Schule beginnt um 8:35 Uhr.
3. Du: Sie geht zu Fuß zur Schule.
4. Du: Der Unterricht endet um 15:50 Uhr oder um fünf Uhr.
5. Du: Nein, am Mittwoch hat sie keinen Nachmittagsunterricht.
6. Du: Sie spielt Basketball.
7. Du: Sie mag Deutsch, Englisch, Sport und Mathe. (= 4 x 0,5 P.)
8. Du: Sie schreibt, dass sie ein Referat über Hamburg vorbereitet. / Sie fragt, ob ich Fotos von Hamburg habe.
9. Du: Zoé ist ihre Freundin.
10. Du: Sie fragt, warum ich mit Mama zur Schule gehe.

VERSION | Übersetzung

11
1. Es ist Donnerstag. Donnerstags haben Jules und Paul um zwanzig nach neun Unterricht.
2. Paul kommt bei Jules vorbei und sie schauen sich einen Comic an.
3. Paul: Ich habe meine Uhr nicht dabei. Wie viel Uhr ist es? / Wie spät ist es?
4. Jules: Oh, Mist, wir sind zu spät. Es ist schon Viertel nach neun.
5. Paul: Gehen wir bei der Bäckerei vorbei?
6. Jules: Nein, wir können nicht, wir haben keine Zeit.
7. Die zwei Jungen kommen um halb zehn an und gehen zum Schulbetreuer.
8. Jules: Guten Morgen, können wir bitte einen Entschuldigungszettel haben/bekommen?
9. Monsieur Leblanc: Ja, und geht in den Aufenthaltsraum, weil Frau Dumoncel nicht da ist.

PRODUCTION ÉCRITE | Schriftliche Produktion

12
1. À sept heures et demie, je vais à l'école à pied.
2. J'entre dans la classe à huit heures moins dix. Je parle d'abord avec mes copains.
3. À huit heures, j'ai géographie/histoire-géo.
4. À dix heures et quart, je suis dans la cour avec mes copains. Nous mangeons des tartines.
5. À une heure moins dix, je vais chez mon ami Markus parce que ma mère travaille.
6. À une heure et demie, je mange chez Markus.
7. À deux heures vingt, nous faisons nos devoirs ensemble.
8. À cinq heures moins le quart, je rentre. Je passe par/devant le stade.

Unité 9 Qu'est-ce qu'on mange ce soir?

COMPRÉHENSION DE L'ORAL | Hörverstehen

Au marché

Madame Fleurot: Alors, Olivier, qu'est-ce qu'on achète pour ce soir? Tu as une idée?
Monsieur Fleurot: Je ne sais pas … On peut acheter un poulet.
Madame Fleurot: D'accord. Regarde là, le monsieur a des poulets pour 9,90 euros. Ce n'est pas cher.
Monsieur Fleurot: Oh oui. Et on achète aussi trois litres de lait, je veux faire une quiche. Les enfants aiment ça aussi. On a des œufs?
Madame Fleurot: Non, achète aussi douze œufs. Et des yaourts pour le dessert! Six! Moi, je vais acheter des fruits et légumes.

La vendeuse: Bonjour madame!
Madame Fleurot: Bonjour! Une salade, s'il vous plaît.
La vendeuse: Aujourd'hui, vous pouvez avoir deux salades pour 2,30 euros, madame. Ce n'est pas cher.
Madame Fleurot: Non merci, je veux une salade.
La vendeuse: Et avec ça?
Madame Fleurot: Un kilo de tomates.
La vendeuse: Voilà les tomates. Et avec ça?
Madame Fleurot: Dix bananes, s'il vous plaît!
La vendeuse: Oui, voilà dix bananes.
Madame Fleurot: Et c'est tout.
La vendeuse: Regardez nos pommes, madame, elles sont formidables!
Madame Fleurot: Combien est-ce qu'elles coûtent?
La vendeuse: Deux kilos pour 2,65 euros!
Madame Fleurot: Non, deux kilos, c'est trop. Je prends un kilo pour 1,80 euros.
La vendeuse: Ça fait 7,55 euros, madame.
Madame Fleurot: Voilà.
La vendeuse: Merci, au revoir, madame!
Madame Fleurot: Au revoir!

1 Liste de courses
– **poulet** (1)
– lait (**3** litre/s)
– **œufs** (12)
– yaourts (**6**)
– **salade** (1)
– tomates (**1** kg)
– bananes (**10**)
– **pommes** (1 kg)

2   1.

- a ☐ 9 € 86
- b ☒ 9 € 90
- c ☐ 5 € 86

- a ☒ 2 € 30
- b ☐ 2 € 40
- c ☐ 1 € 20

- a ☒ 2 € 65
- b ☐ 1 € 80
- c ☐ 2 € 75

2.
- a ☐ 5 € 65
- b ☐ 7 € 35
- c ☒ 7 € 55

COMPRÉHENSION DE L'ÉCRIT | Leseverstehen

3   1. Maintenant, Basketboy a 14 ans.
- a ☐ Vrai.
- b ☒ Faux.

2. Aujourd'hui, il ne fait pas la fête.
- a ☐ Vrai.
- b ☒ Faux.

3. Son anniversaire est mercredi.
- a ☐ Vrai.
- b ☒ Faux.

4. Il veut faire la fête avec:
- a ☐ (5 / 5)
- b ☒ (5 / 4)
- c ☐ (4 / 5)

5. Ils vont:
- a ☒
- b ☒
- c ☐
- d ☐
- e ☐
- f ☒

4   1. Menu de **Missjesétout**   2. Menu de **Jilly07**
3. Menu de **Napoléon**   4. Menu de **Zizou3**

Unité 9

VOCABULAIRE | Wortschatz

5 1. le fr**om**age + le be**urr**e + le l**ait** + le y**aourt** → des produits laitiers
2. le c**hat** + le c**heval** + le c**ochon** d'Inde + la p**erruche** → des animaux
3. la t**omate** + l'**orange** + la b**anane** + la p**omme** → des fruits et légumes

6 1. d – 2. b – 3. f – 4. e – 5. a – 6. c

7 Bonjour les enfants,
Ce soir, je rentre tard **à la maison** parce que j'ai beaucoup de **travail**. Alors, allez au supermarché, achetez une **bouteille** de lait et faites une quiche. D'accord?
Le poulet est déjà **prêt**. Et il y a une mousse au chocolat **comme** dessert.
Paul, range ta chambre s'il te plaît, si tu n'as pas **trop** de devoirs.
Maman

GRAMMAIRE | Grammatik

8 **Léonie:** Qu'est-ce qu'on fait? On prépare une salade de fruits?
Pauline: Bonne idée! Tu as **des** fruits?
Léonie: Regarde! Il y a **des** pommes, une orange et beaucoup **de** bananes. On a même une bouteille **de** jus **d'**orange!
Pauline: Mais il n'y a pas **de** fraises!
Léonie: On peut aller au supermarché!
Pauline: On achète aussi **des** yaourts?
Léonie: Non, pas **de** yaourts! Je n'ai pas assez **d'**argent.

9 Théo **est** dans la cuisine. Il **regarde** dans le frigo. Sa mère **arrive**.
La mère: Qu'est-ce que tu **fais**, Théo?
Théo: Je **veux** préparer une quiche aux tomates. Où **sont** les œufs? Et est-ce que nous **avons** des tomates?
La mère: Non, mais je **vais** au supermarché. J'**achète** aussi un peu de fromage.
Théo: Maman, est-ce que tu **peux** aussi **acheter** des frites?
La mère: Mais Théo, je ne **veux** pas manger des frites avec la quiche!
Théo: Mais Maman, les enfants **veulent** toujours manger des frites et des desserts!
La mère: Alors, Théo, nous **allons** au supermarché ensemble!

10

1. un kilo de tomates
2. huit œufs
3. deux bouteilles de lait
4. un peu de fromage
5. un sachet de frites
6. un pot de confiture

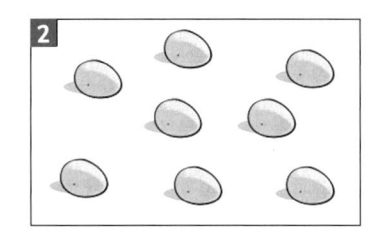

Unité 9

11 1. Théo est **content** parce qu'il peut manger des frites.
2. Il veut manger une quiche avec des frites: Ce n'est pas une idée **formidable**!
3. Sa mère n'est pas **contente**.
4. Maintenant, la quiche et les frites sont **prêtes**.
5. Lucas et Théo mangent les frites: les deux garçons sont **contents**.

MÉDIATION | Sprachmittlung

12 1. Du: Bonjour, nous voulons un kilo de tomates et deux kilos d'oranges. / Bonjour, un kilo de tomates et deux kilos d'oranges, s'il vous plaît.
2. Du: Une bouteille de lait, ça fait combien? / Ça fait combien, une bouteille de lait? / Une bouteille de lait coûte combien? / Combien est-ce qu'une bouteille de lait coûte?
3. Du: Ein Liter kostet ein Euro fünfzig.
4. Du: (Alors,) nous achetons trois litres.
5. Du: Kommt noch was dazu? / Sonst nocht etwas?
6. Du: Est-ce que vous avez des yaourts aussi? / Est-ce que vous avez aussi des yaourts?
7. Du: (Nein,) sie hat keinen Joghurt.
8. Du: C'est tout. Ça fait combien?
9. Du: Zwölf Euro zwanzig.

VERSION | Übersetzung

13 1. Die Kinder möchten/wollen für das Abendessen eine Quiche vorbereiten.
2. Es/Das ist eine Überraschung für ihre Eltern.
3. Es ist noch ein bisschen Hähnchen im Kühlschrank. / Im Kühlschrank ist noch ein bisschen Hähnchen.
4. Louis: Eine Quiche mit ein bisschen Hähnchen und Tomaten, das schmeckt gut!
5. Léa: Ja. Und wir machen auch einen Salat.
6. Louis: Was essen wir als Nachspeise?
7. Léa: Vielleicht Obst? Das mögen sie!
8. Louis: Ich habe jetzt Hunger! / Jetzt habe ich Hunger!

PRODUCTION ÉCRITE | Schriftliche Produktion

14 Salut Grégoire!
Ça va? Moi, ça va.
Au petit-déjeuner, je mange des tartines avec beaucoup de beurre et beaucoup de fromage, une banane ou une pomme. Je bois un peu de lait et beaucoup de jus d'orange. Le dimanche, nous avons le temps et mon père va à la boulangerie. Alors, nous mangeons / je mange un croissant, un yaourt avec un peu de confiture et un ou deux œufs.
À plus!
Felix

Unité 10 Un week-end à Paris

COMPRÉHENSION DE L'ORAL | Hörverstehen

La fête de la musique

Aujourd'hui, vendredi 21 juin, c'est la Fête de la musique! Vous allez passer une super Fête de la musique à Lannion! Avec beaucoup de concerts et spectacles dans les rues et sur les places! Vous aimez le hip-hop? Alors, allez devant le cinéma Eiffel aujourd'hui à 17 heures. Il y a un spectacle de hip-hop et c'est gratuit*! Spectacle de hip-hop à 17 heures devant le cinéma Eiffel. Dans le roller parc, il y a un concert de rap ce soir à 20 h 30. La place coûte un euro! Ce n'est pas cher et l'argent est pour le roller parc de Lannion. 20 h 30, concert de rap dans le roller parc!
Des concerts dans les rues aussi, entre 16 heures et minuit! C'est gratuit!
La Fête de la musique va être formidable à Lannion!

Demain, samedi 22 juin, c'est aussi la fête à Lannion, avec des spectacles super!
Un spectacle de skate dans le gymnase du collège Jean Jaurès, avec les élèves du club de skate. La place coûte 2,60 euros et l'argent est pour le club de skate du collège. Spectacle de skate, demain à 14 heures, au collège Jean Jaurès.
Et demain après-midi, il y a un spectacle de quad dans l'avenue de l'Europe! Quad dans l'avenue de l'Europe demain à 15 h 30! 1,80 euros la place!
Bon week-end à Lannion!

* **gratuit** umsonst, kostenlos

1

Qu'est-ce qu'il y a?	C'est où?	C'est à quelle heure?	Ça coûte combien? (Bei kostenlosen Veranstaltungen „0" eintragen)
LE 21 JUIN			
• Spectacle de **hip-hop**	devant le **cinéma** Eiffel	à **17** heures	0 €
• **Concert** de rap	dans le **roller** parc	à **20 h 30**	1 €
• des **concerts**	dans les **rues**	entre **16** heures et minuit	0 €
LE 22 JUIN			
• Spectacle de **skate**	dans le **gymnase** du collège Jean Jaurès	à **14** heures	2,60 €
• Spectacle de **quad**	dans l'**avenue** de l'Europe	à **15 h 30**	1,80 €

COMPRÉHENSION DE L'ÉCRIT | Leseverstehen

2
- 11:15 *On arrive à Paris.*
- 12:30 *On visite Montmartre.*
- 14:00 *On mange à Belleville.*
- 16:30 *On arrive au Centre Pompidou.*
- 17:15 *On fait du shopping aux Halles.*
- 19:00 *On visite la tour Eiffel.*
- 21:30 *On mange à côté de l'hôtel.*

3 1. Maëlle habite à:
   a ☐ Paris.   b ☒ Lyon.   c ☐ Bordeaux.
2. La famille Dupas et Franziska sont à Paris:
   a ☐ mardi et mercredi.
   b ☐ samedi, dimanche et lundi.
   c ☒ vendredi, samedi et dimanche.
3. À midi, Franziska mange:
   a ☐ une salade et un gâteau au chocolat.
   b ☒ un poulet-frites et un gâteau au chocolat.
   c ☐ un poulet-frites.
4. Paul n'est pas content parce qu'il:
   a ☐ n'aime pas le Centre Pompidou.
   b ☒ n'aime pas marcher.
   c ☐ n'aime pas la musique hip-hop.
5. Le spectacle hip-hop est:
   a ☐ devant le Centre Pompidou.   b ☐ aux Halles.   c ☒ dans une rue.

4

	Vrai	Faux
1. Il y a trop de touristes à la tour Eiffel à midi et le soir.	☐	☒
Justification: «À midi, il y a trop de touristes à la tour Eiffel.»		
2. Franzika aime beaucoup Montmartre.	☒	☐
Justification: «Franziska est contente, c'est comme sur les photos sur Internet!»		
3. Samedi, Franziska veut acheter des cadeaux pour ses amis.	☐	☒
Justification: «Franziska veut acheter un cadeau pour sa mère et son frère.»		

VOCABULAIRE | Wortschatz

5

1▶ D E V A N T
2▶ M A I N T E N A N T
3▶ S O U V E N T
4▶ B E A U C O U P
5▶ P R È S
6▶ D ' A B O R D
7▶ A P R È S
8▶ D E M A I N
9▶ S U R

La phrase solution est **Vive Paris!** (= **Es lebe Paris!**)

6 1. la rue – <u>le travail</u> – l'avenue – la place
2. le concert – le spectacle – <u>l'heure</u> – le film
3. le cinéma – le stade – le musée – <u>la chaise</u>
4. la question – la faute – <u>la semaine</u> – la réponse

7 C'est vendredi. Paul et Jules rentrent du collège ensemble.
Paul: On **passe** par le stade? Il y a un match de foot.
Jules: Je n'ai pas le temps. Nous allons **passer** le week-end chez mon oncle à Cannes.
Paul: Qu'est-ce que vous allez **faire** à Cannes?
Jules: On va un peu visiter la ville et on va **faire** la fête. C'est l'anniversaire de mon oncle. Samedi après-midi, ma sœur veut **faire** du shopping, bien sûr.
Paul: Et quand est-ce que tu rentres? Tu **passes** chez moi dimanche soir?
Jules: Non, dimanche soir, je **fais** toujours mes devoirs!

GRAMMAIRE | Grammatik

8 Madame Fleurot: Les garçons, qu'est-ce que vous **faites** après le collège?
Lucas: Est-ce que je **peux** aller au roller parc avec Grégoire, Léonie et Maëlle?
Madame Fleurot: Oui, mais tu **rentres** à six heures, d'accord? Après, nous **mangeons** et nous **allons** à la Fête de la musique!
Lucas: Super! Et toi, Théo, tu **es** à la maison aujourd'hui?
Théo: Non, papa et moi, on **veut** aller au club de foot. Des copains **ont** un match.
Monsieur Fleurot: Vous ne **voulez** pas aller au club de foot, Grégoire et toi?
Lucas: Grégoire et moi, oui, mais les filles n'**aiment** pas le foot.
Madame Fleurot: Bien, et moi, je **fais** les courses pour ce soir.
Théo: Qu'est-ce que tu **achètes**? Des frites?
Madame Fleurot: C'**est** une surprise!

9
1. Aujourd'hui, ma mère fait du shopping avec son amie. Samedi, elle **va faire** du shopping avec moi.
2. Le samedi midi, je mange toujours chez mon père. Et dimanche midi, je **vais manger** chez mes grands-parents.
3. Ce soir, mon père et sa copine vont au cinéma. Demain, ils **vont aller** à la Fête de la musique avec moi.
4. Maintenant, mon cousin Jérémy et moi, nous regardons des bédés. Ce soir, nous **allons regarder** un DVD.
5. Léonie, ta sœur et toi, vous passez chez votre cousine à 15 heures. Est-ce que vous **allez passer** chez moi après?

10
1. Louise **ne va pas ranger sa chambre. Elle va chatter avec ses copines.**
2. La mère: Pierre, tu **ne vas pas dessiner dans ta chambre. Tu vas faire tes devoirs.**
3. Camille et sa sœur **ne vont pas regarder la télé. Elles vont faire du shopping.**
4. Paul et Maëlle: Nous **n'allons pas passer le week-end à la maison. Nous allons aller au cinéma.**
5. Vous **n'allez pas manger un gâteau, vous allez visiter un musée.**
6. Maëlle: **Je ne vais pas écouter un CD, je vais faire la cuisine.**

MÉDIATION | Sprachmittlung

11
1. Du: Nous avons cours à huit heures.
2. Du: Nous allons manger à la maison à une heure / treize heures.
3. Du: Mardi soir / À huit heures et demie / À vingt heures trente, nous allons aller à un concert.
4. Du: Vous allez aller / Nous allons aller à Munich.

5. Du: Vous allez rentrer / Nous allons rentrer à sept heures / à dix-neuf heures.
6. Du: Vous allez faire / Nous allons faire du shopping jeudi après-midi / jeudi à quinze heures.
7. Du: Vous allez visiter / Nous allons visiter un musée.
8. Du: Non, vous allez faire un rallye dans un supermarché.
9. Du: Nous allons faire la fête à sept heures / dix-neuf heures. Nous allons danser et chanter.

VERSION | Übersetzung

12
1. Juhu! Es ist Wochenende!
2. Léonie packt ihre Tasche. Sie hat nicht viele Hausaufgaben, also wird sie zwei Tage bei ihrer Cousine verbringen. Sie ist glücklich!
3. Morgen Nachmittag werden sie shoppen. Natürlich mögen sie das sehr gerne.
4. Nach dem Abendessen werden sie zusammen zu einer Hip-Hop Vorführung gehen.
5. Am Sonntag wollen Samanthas Eltern ein Museum besichtigen.
6. Aber die Mädchen werden nicht ins Museum gehen …
7. Sie werden bei einem Freund von Samantha vorbeikommen, weil er Geburtstag hat.

PRODUCTION ÉCRITE | Schriftliche Produktion

13
1. Salut Maëlle! Ça va?
2. Merci pour ton message.
3. C'est super! / C'est formidable!
4. Je suis contente parce que mes parents sont d'accord.
5. Qu'est-ce que nous allons faire ensemble?
6. Moi, je voudrais faire la cuisine avec toi.
7. Est-ce que nous allons aller à Paris aussi?
8. Moi, je voudrais visiter la tour Eiffel.
9. À plus!
Franziska

Mündliche Schulaufgabe/Klassenarbeit

In den folgenden Musterlösungen entsprechen die fettgedruckten Wörter den Wendungen in der Vorlage. An den Musterlösungen kannst du erkennen, was dein/e Lehrer/in bezüglich Inhalt und Länge von dir erwartet.

Jeu de rôles

1 Qu'est-ce qu'on fait?

A: Est-ce que tu as le temps aujourd'hui?
B: Oui, **qu'est-ce que tu veux faire?**
A: **On peut** faire du shopping. **Est-ce que tu es d'accord?**
B: **Non, je ne suis pas d'accord parce que** je n'ai pas assez d'argent.
A: **Est-ce que tu veux** aller au cinéma?
B: **Qu'est-ce qu'il y a au cinéma?**
A: Il y a un film avec Johnny Depp.
B: Oh, non, **je n'aime pas** Johnny Depp. Moi, **je voudrais** aller au roller parc.
A: **D'accord, c'est possible.** Et **qu'est-ce qu'on fait** après?
B: Je ne sais pas. **On** regarde un DVD **ensemble**?
A: **Oui, bien sûr! Tu passes chez moi?**
B: Oui, à quelle heure?
A: À deux **heures, ça va?**
B: Oui, ça va. À plus!
A: À plus!

> Notiere dir nach der Korrektur Wörter, Ausdrücke oder Satzeinheiten, die dir Probleme bereitet haben. Diese kannst du dann immer vor mündlichen Leistungsmessungen wiederholen!

2 On prépare une fête

A: **On invite qui?**
B: Les filles et les garçons de ma classe?
A: **Oui, d'accord. Et qu'est-ce qu'on achète?**
B: **On peut acheter** des bouteilles de jus d'orange et des bouteilles d'eau minérale, **non?**
A: Oui, et **qu'est-ce qu'on va manger?**
B: Des bonbons et une salade de fruits avec des pommes et des bananes?
A: **Oui, d'accord.** Et est-ce qu'on fait des quiches?
B: **Non, je ne suis pas d'accord,** C'est trop de travail.
A: Et à quelle heure est-ce qu'on fait la fête?
B: À trois heures?
A: **Oui, pas mal!**
B: **Et est-ce que tu as une idée pour le cadeau?**
A: **On peut acheter** des bédés.
B: Oui, c'est une idée formidable!

3 Au marché

A: **Bonjour, je voudrais** des pommes, **s'il vous plaît.**
B: **Combien?**
A: Un kilo.
B: **Voilà un** kilo de pommes. **Et avec ça?**
A: **Je voudrais aussi** deux bouteilles de lait.
B: **Voilà** le lait. **Et avec ça?**
A: Les œufs, **combien est-ce qu'ils coûtent?**
B: Six œufs, **ça coûte** 1,20 **euros. Ce n'est pas cher.**
A: **Alors**, six œufs, s'il vous plaît. Et deux salades aussi.
B: **Voilà** les œufs et les salades. **Et avec ça?**
A: **Merci, c'est tout. Ça fait combien?**
B: 9,25 euros.
A: **Voilà. Au revoir!**
B: **Merci, au revoir.**

Annexe

ORTHOGRAPHE | Rechtschreibtraining

Nach Unité 2

1
1. C'est la rentr**é**e. **Ç**a va, les **é**l**è**ves?
2. Nous sommes **à** Levallois. Voil**à** le coll**è**ge Jean Jaur**è**s.
3. Je m'appelle Laurine. Et toi, tu t'appelles comment?
4. Les gar**ç**ons sont dans la cour. Vous **ê**tes en sixi**è**me?

Nach Unité 3

2 1. **cinq** – 2. **trois** – 3. **dix** – 4. **sept** – 5. **un** – 6. **quatre** – 7. **huit** – 8. **deux** – 9. **neuf** – 10. **six**

3
1	un	6	six
2	deux	7	sept
3	trois	8	huit
4	quatre	9	neuf
5	cinq	10	dix

Nach Unité 4

4
Salut Franziska,
Tu habites **à** Kempten? C'est o**ù**?
Tu as quel **â**ge? Tu as des fr**è**res et sœurs?
Moi, j'habite pr**è**s d'un parc. Mon **é**cole est **à** c**ô**t**é**.
Je suis **é**l**è**ve en cinqui**è**me au coll**è**ge Jean Rostand.
Mes copains et moi, nous rentrons toujours ensemble – **à** pied, bien s**û**r!
À plus, Maëlle

5 **un** – deux – **trois** – quatre – **cinq** – six – **sept** – huit – **neuf** – dix – **onze** – douze – **treize** – quatorze – **quinze** – seize – **dix-sept** – dix-huit – **dix-neuf** – vingt

Nach Unité 5

6 Qu'**est-ce que** Paul cherche?
Paul, le **frère** de Maëlle, **est** dans sa chambre. Il **cherche** ses clés. Il a **cours** à neuf **heures**. Il regarde à **droite** et à **gauche**, dans son sac de sport **derrière** la porte, **sous** ses mangas.
Sa mère: **Dépêche-toi**, Paul!
Alors, Paul regarde sur son **bureau**. **Ses** clés sont **là**!

Nach Unité 6

7 1. **j**anv**i**er – 2. **a**vr**i**l – 3. **j**u**i**n – 4. **a**oû**t** – 5. **f**évr**i**er – 6. **j**u**i**lle**t** – 7. **d**é**c**em**b**re – 8. **m**ars

8 janvier – février – mars – avril – mai – juin – juillet – août – septembre – octobre – novembre – décembre

Nach Unité 7

9 1. trois – six – **neuf** – **douze** – **quinze** – dix-huit
2. vingt-deux – **vingt et un** – **vingt** – dix-neuf
3. trente – **quarante** – **cinquante** – **soixante** – soixante-dix
4. soixante-treize – **soixante-douze** – **soixante et onze** – soixante-dix
5. **quatre-vingt** – **quatre-vingt-un** – quatre-vingt-deux – quatre-vingt-trois
6. quatre-vingt-dix-huit – quatre-vingt-dix-neuf – **cent**

Nach Unité 8

10 1. se**pt** heures et qua**rt**
2. n**euf** heures v**ingt**-cin**q**
3. onze heures m**oins** d**ix**
4. mi**di**
5. midi et de**mi**
6. **huit** heures

Nach Unité 9

🎧 12 **11** Les Fleurot **préparent** une fête de famille. Alors, ils **vont** au supermarché. Qu'est-ce qu'ils **achètent**? Des légumes pour une quiche, un **poulet** et des frites. C'est **tout**. Ils ne **veulent** pas avoir trop de travail **parce qu'**ils n'ont pas beaucoup de temps. Et qu'est-ce qu'ils **mangent** comme dessert? Une mousse au chocolat, **bien sûr**. Les enfants adorent **ça**!

Nach Unité 10

12 1. **demain** (= morgen)
2. **maintenant** (= jetzt)
3. **aujourd'hui** (= heute)
4. **alors** (= nun, also)
5. **souvent** (= oft)
6. **toujours** (= immer)
7. **après** (= nach, danach)

Vorderseite des Kommunikationstrainers

D **E**

A **B**

À toi! 1
Kommunikationstrainer
En situation

Nach hinten falten und auf die Rückseite kleben.

Nach hinten falten und auf die Rückseite kleben.

Nach hinten falten und auf die Rückseite kleben.   **C**

Du kannst deinen Kommunikationstrainer auch bunt anmalen.

Rückseite des Kommunikationstrainers

D

E

A

B

Hier die grauen Kanten der Vorderseite aufkleben.

Hier die grauen Kanten der Vorderseite aufkleben.

D

Hier die grauen Kanten der Vorderseite aufkleben.

C

6 Souligne l'intrus. | Unterstreiche den „Eindringling" (= das Wort, das nicht in die Reihe passt). ___/4 P.

1. le gymnase – la salle de permanence – le salon – le secrétariat
2. la minute – le quart – l'heure – la réponse
3. la montre – le mot d'excuse – l'interrogation – le devoir
4. le week-end – la faute – la semaine – le jour

GRAMMAIRE | Grammatik

40 Punkte

7 Conjugue les verbes entre parenthèses au présent. | Konjugiere die Verben in Klammern im Präsens. Verwende die Verneinung *ne ... pas*, wenn sie angegeben ist. ___/17 P.

Pauline, Léonie et Lucas _____ (être) à la cantine.

Léonie: Qu'est-ce que vous _____ (faire) aujourd'hui après l'école?

Pauline: Moi, je _____ (préparer) mon exposé. Et toi?

Léonie: Moi, je _____ (aller) chez ma cousine. Nous _____ (faire) un gâteau pour l'anniversaire de sa mère.

Lucas: Grégoire et moi, on _____ (aller) au club de foot.

Léonie: Tu _____ (pouvoir) passer chez moi, après le foot?

Lucas: Non, je _____ (ne ... pas + pouvoir). Après le foot, nous _____ (manger) et je _____ (faire) mes devoirs. Pourquoi?

Léonie: Parce que j'_____ (avoir) une interro de maths. Moi et les maths ...

Lucas: Tes parents _____ (ne ... pas + pouvoir) faire les maths avec toi?

Léonie: Non, ce _____ (ne ... pas + être) possible. Mes parents _____ (aller) au cinéma.

Pauline: Mais mon cousin et moi, nous _____ (pouvoir) passer chez toi. Mon cousin _____ (adorer) les maths et il _____ (pouvoir) t'aider*.

Léonie: Super! Merci.

* **t'aider** dir helfen

Unité 8 57

8 Retrouve les questions. | Frau und Herr Dupas stellen ihrer Tochter viele Fragen. Wie lauten diese? Die unterstrichenen Stellen helfen dir dabei. ____/11 P.

1. Madame Dupas: _____ le jeudi? 2 P.

   Maëlle: J'ai histoire-géo, allemand, maths et sport.

2. Maëlle: Samedi après-midi, Sandra organise une fête.

   Madame Dupas: _____? 1 P.

   Maëlle: Elle organise une fête parce que c'est son anniversaire.

3. Monsieur Dupas: _____? 2 P.

   Maëlle: Nous faisons la fête dans son salon.

4. Monsieur Dupas: Et _____? 2 P.

   Maëlle: Je rentre à six heures.

5. Monsieur Dupas: _____ aussi? 2 P.

   Maëlle: Alexandre, son cousin et des filles de la classe de

   Sandra sont à la fête aussi.

6. Madame Dupas: _____?

   Ton père et moi, nous ne sommes pas là, samedi après-midi. 2 P.

   Maëlle: Je vais chez Sandra à pied.

9 Complète par les déterminants possessifs *son/sa/ses, notre/nos, votre/vos,* ____/12 P.
ou *leur/leurs*. | Annika und Pauline zeigen sich gegenseitig Fotos. Vervollständige das Gespräch mit den richtigen Possessivbegleitern.

1 Pauline: Regarde, c'est ma copine Léonie avec _____ ordinateur.

2 Pauline: Ici, c'est Léonie et moi avec _____ copains, Lucas et Grégoire, au roller parc.

3

Annika: Et là, c'est qui?

Pauline: C'est Léonie avec _____ cousine Samantha, dans la chambre de Léonie.

4

Annika: Regarde. Ce sont mes parents avec _____ amis. Ils sont sympa.

5

Annika: Là, c'est une photo de ma sœur avec _____ copines, dans _____ cuisine.

6

Pauline: J'ai une photo de mon père avec _____ copine. Elle est cool.

7

Pauline: Et là, c'est Madame Leduc, _____ prof d'allemand.

Annika: _____ profs sont sympa?

Pauline: Oui, j'aime beaucoup Madame Leduc et Monsieur Ferry, le prof de français.

8

Annika: Regarde. Voilà mes parents avec _____ cheval.

Pauline: Tes parents ont un cheval? Cool!

9

Annika: Vous avez aussi des animaux?

Pauline: Oui, nous avons un chat et une perruche.

Voilà _____ chat, il s'appelle Sally.

10

Annika: Et tu as une photo de _____ perruche?

Pauline: Euh … Non.

MÉDIATION | Sprachmittlung

___/13 P.

10 Le mail d'Emma. Réponds aux questions de tes parents. | Du nimmst an einem Schüleraustausch mit Frankreich teil. Deine Austauschpartnerin Emma sendet dir eine E-Mail. Stolz zeigst du sie deinen Eltern. Da sie kein Französisch verstehen, stellen sie dir Fragen. Du antwortest in kurzen Sätzen.

> Lies zuerst die Fragen unten. Dann kannst du dich beim Lesen auf die Informationen konzentrieren, die gesucht sind.

Salut!

Ça va? Moi, ça va. Merci pour ton mail.

Alors, oui, j'habite à Bordeaux. Je n'ai pas onze ans, j'ai déjà douze ans. Mon anniversaire, c'est le 13 mars. Je suis en cinquième C au collège Alain Fournier. Le collège est dans mon quartier, alors je vais toujours à l'école à pied. Je suis souvent un peu en retard … L'école commence à 8h35 et finit à quatre heures moins dix ou cinq heures. Et chez toi?

Le mercredi après-midi, il n'y a pas cours, alors je vais au club de basket. J'adore le basket et j'aime bien le skate aussi. Et toi?

Qu'est-ce que j'aime au collège? J'aime l'allemand, bien sûr ☺ et l'anglais. Je n'aime pas l'histoire-géo parce que je n'aime pas la prof. J'aime bien le sport et les maths aussi. La prof de maths est très sympa. Le prof d'allemand aussi.

Je prépare un exposé pour le cours d'allemand. Tu as des photos de Hambourg (Hamburg)? Ce serait super!

Bon, je te laisse. Je vais chez Zoé maintenant, c'est ma copine. On fait souvent nos devoirs ensemble. Encore une question: pourquoi est-ce que tu vas à l'école avec ta mère?

À plus!

Emma

---

1. **Deine Eltern:** Wann hat Emma Geburtstag und wie alt ist sie jetzt? 2 P.

   Du: _____

2. **Deine Eltern:** Wann beginnt die Schule für Emma? 1 P.

   Du: _____

3. **Deine Eltern:** Wie kommt sie in die Schule? 1 P.

   Du: _____

4. **Deine Eltern:** Um wie viel Uhr endet der Unterricht? 2 P.

   Du: _____

5. **Deine Eltern:** Hat sie jeden Tag Nachmittagsunterricht? 1 P.

   Du: _____

6. **Deine Eltern:** Was macht sie, wenn sie keinen Nachmittagsunterricht hat? [1 P.]

   Du: _____

7. **Deine Eltern:** Was mag sie gerne in der Schule? [2 P.]

   Du: _____

8. **Deine Eltern:** Was schreibt sie denn über Hamburg? [1 P.]

   Du: _____

9. **Deine Eltern:** Wer ist Zoé? [1 P.]

   Du: _____

10. **Deine Eltern:** Was fragt sie dich am Schluss? [1 P.]

    Du: _____

VERSION | Übersetzung   ____ / 20 P.

11 Traduis les phrases en allemand. | Übersetze die Sätze ins Deutsche.

1. C'est jeudi. [1 P.] Le jeudi, Jules et Paul ont cours à neuf heures vingt. [2 P.]

   _____

   _____

2. Paul passe chez Jules [1 P.] et ils regardent une bédé. [1 P.]

   _____

3. **Paul:** Je n'ai pas ma montre. [1 P.] Il est quelle heure? [1 P.]

   _____

4. **Jules:** Oh zut, nous sommes en retard. [1 P.] Il est déjà neuf heures et quart. [1 P.]

   _____

5. **Paul:** On passe par la boulangerie? [2 P.]

   _____

6. **Jules:** Non, on ne peut pas, [1 P.] on n'a pas le temps. [1 P.]

   _____

7. Les deux garçons arrivent à neuf heures et demie ⬚2 P. et vont chez le CPE. ⬚1 P.

_____

_____

8. **Jules:** Bonjour monsieur, nous pouvons avoir un mot d'excuse, ⬚1 P. s'il vous plaît? ⬚1 P.

_____

_____

9. **Monsieur Leblanc:** Oui, et allez dans la salle de permanence ⬚1 P. parce que Madame Dumoncel

n'est pas là. ⬚1 P.

_____

_____

PRODUCTION ÉCRITE | Schriftliche Produktion _____ / 26 P.

12 Felix raconte sa journée à son corres français. | Felix aus Dresden beschreibt für seinen französischen Austauschpartner einen Schultag auf Französisch. Dazu hat er acht Bilder ausgesucht. Schreibe für Felix zu jedem Bild einen Satz. Erzähle, was du um wie viel Uhr machst. Schreibe die Zahlen aus.

1. Sage, wie du um halb acht in die Schule gehst. ⬚3 P.

_____

_____

2. Sage, wann du ins Klassenzimmer hineingehst und was du als erstes machst. ⬚4 P.

_____

_____

3. Sage, was du um 8 Uhr hast. ⬚2 P.

_____

_____

62 Unité 8

4. Sage, wo und mit wem du um 10:15 Uhr bist und was ihr macht. 4 P.

_____
_____

5. Sage, dass du um 12:50 Uhr zu deinem Freund Markus gehst, weil deine Mutter arbeitet. 5 P.

_____
_____

6. Sage, was du um 13:30 Uhr bei Markus machst. 2 P.

_____
_____

7. Sage, was Markus und du um 14:20 Uhr zusammen macht. 3 P.

_____
_____

8. Sage, um wie viel Uhr du nach Hause gehst und woran du vorbeigehst. 3 P.

_____
_____

Lies deinen Text noch einmal durch: Hast du die richtigen Begleiter verwendet?

Unité 8

Unité 9 — Qu'est-ce qu'on mange ce soir?

132 Punkte

COMPRÉHENSION DE L'ORAL | Hörverstehen

12 Punkte

1 Au marché. Qu'est-ce que Monsieur et Madame Fleurot achètent? Écoute les dialogues deux fois et complète la liste. | Herr und Frau Fleurot kaufen auf dem Markt ein. Hör dir die Gespräche zweimal an und ergänze die Einkaufsliste.

___/8 P.

Liste de courses
- _____ (1)
- lait (____ litre/s)
- _____ (12)
- yaourts (____)
- _____ (1)
- tomates (____ kg)
- bananes (____)
- _____ (1 kg)

2 Écoute les dialogues encore une fois et coche les bonnes réponses. | Höre die Gespräche noch einmal an und kreuze die richtigen Antworten an.

___/4 P.

1. Combien coûtent ces articles?

   1
   a ☐ 9 € 86
   b ☐ 9 € 90
   c ☐ 5 € 86

   2
   a ☐ 2 € 30
   b ☐ 2 € 40
   c ☐ 1 € 20

   3
   a ☐ 2 € 65
   b ☐ 1 € 80
   c ☐ 2 € 75

2. Combien est-ce que Madame Fleurot paie au stand des fruits et légumes?
   a ☐ 5 € 65
   b ☐ 7 € 35
   c ☐ 7 € 55

COMPRÉHENSION DE L'ÉCRIT | Leseverstehen

11 Punkte

Dans un forum pour ados, Lucas (= Basketboy) pose une question: qu'est-ce qu'il peut préparer pour ses amis à sa fête d'anniversaire? | In einem Internetforum fragt Lucas (= Basketboy), was er für seine Geburtstagsfeier zu essen vorbereiten soll.

FORUM DES ADOS

Basketboy: Salut! Aujourd'hui, c'est mon anniversaire. J'ai 13 ans maintenant! Je suis avec ma famille, on mange un gâteau, on écoute des CD et mes parents ont des cadeaux pour moi. C'est cool! Mais j'ai un «problème»: mercredi après-midi, j'invite des amis, et nous faisons la fête chez moi, dans le salon. On veut danser et regarder un film. Mais qu'est-ce qu'on peut manger? Vous avez une idée?

Missjesétout: Salut Basketboy! J'ai peut-être des idées pour ta fête, mais j'ai d'abord une question: tu invites des copains, mais combien?

Basketboy: Je fais la fête avec quatre copines et cinq copains.

Missjesétout: Okay, alors, Basketboy, tu peux préparer deux quiches et un peu de fromage, c'est assez. Et un gâteau avec 13 bougies, bien sûr! Achète aussi six bouteilles d'eau minérale et six bouteilles de jus d'orange!

Zizou3: Salut Basketboy! Les quiches, le gâteau et le jus d'orange, c'est super. ☺ Mais le fromage et l'eau minérale, bof! Achète des sachets de bonbons. Beaucoup! ☺

Napoléon: Pourquoi est-ce que tu ne fais pas une salade? Avec deux quiches, un gâteau, du jus d'orange et des bonbons (trois sachets), c'est bien, je trouve.

Jilly07: Salut! L'idée de Napoléon est bien, non? C'est l'anniversaire de mon frère samedi ☺ et on veut préparer un gâteau avec son prénom et son âge. Ta mère peut peut-être faire ça aussi …

3 Lis le texte de Basketboy et coche les bonnes réponses. | Lies den Eintrag von Basketboy und kreuze die richtigen Antworten an.

_____/7 P.

1. Maintenant, Basketboy a 14 ans.
   a ☐ Vrai.   b ☐ Faux.

2. Aujourd'hui, il ne fait pas la fête.
   a ☐ Vrai.   b ☐ Faux.

Unité 9

3. Son anniversaire est mercredi.
   a ☐ Vrai.   b ☐ Faux.

4. Il veut faire la fête avec:

   a ☐   b ☐   c ☐

5. Ils vont:

   a ☐   b ☐   c ☐

   d ☐   e ☐   f ☐

4 Qui propose quel «menu»? | Wer schlägt was vor? Schreibe die Benutzernamen der Jugendlichen zu den passenden Menüs.   ____/4 P.

1. Menu de _____

2. Menu de _____

3. Menu de _____

4. Menu de _____

VOCABULAIRE | Wortschatz

24 Punkte

5 Complète les champs lexicaux. | Ergänze die Wortfelder.
Füge weitere eigene Wörter hinzu.

____/12 P.

1. le fr_____ + le be_____ + le l_____ + le y_____

   → des produits laitiers*

2. le c____t + le c_____l + le c_____ d'_____

   + la p_____ → des animaux

3. la t_____ + l'o_____ + la b_____ + la p_____

   → des fruits et légumes

* **le produit laitier** das Milchprodukt

6 Relie les mots qui vont ensemble. | Verbinde die Wörter, die zusammenpassen.

____/6 P.

le vendeur **1**   **a** la cuisine
l'euro **2**   **b** l'argent
le gâteau **3**   **c** l'appartement
le message **4**   **d** le supermarché
le frigo **5**   **e** le portable
la maison **6**   **f** le dessert

7 Complète par les mots suivants en français. | Vervollständige den Zettel
von Frau Dupas an ihre Kinder mit den französischen Entsprechungen der
folgenden Wörter.

____/6 P.

| als | Arbeit | bereit | Flasche | nach Hause | zuviel |

Bonjour les enfants,

Ce soir, je rentre tard¹ _____ parce que j'ai beaucoup de

_____. Alors, allez au supermarché, achetez une _____

de lait et faites une quiche. D'accord?

Le poulet est déjà _____. Et il y a une mousse au chocolat

_____ dessert.

Paul, range ta chambre s'il te plaît, si² tu n'as pas _____ de devoirs.

Maman

1 **tard** spät   2 **si** wenn

GRAMMAIRE | Grammatik

34 Punkte

8 Complète par *de*, *des* ou *d'*. | Pauline und Léonie bereiten einen Nachtisch vor. Vervollständige die Sätze mit *de*, *des* oder *d'*.

____/9 P.

Léonie: Qu'est-ce qu'on fait? On prépare une salade de fruits?

Pauline: Bonne idée!¹ Tu as _____ fruits?

Léonie: Regarde! Il y a _____ pommes, une orange et beaucoup _____ bananes. On a même une bouteille _____ jus _____ orange!

Pauline: Mais il n'y a pas _____ fraises²!

Léonie: On peut aller au supermarché!

Pauline: On achète aussi _____ yaourts?

Léonie: Non, pas _____ yaourts! Je n'ai pas assez _____ argent.

1 **Bonne idée!** Gute Idee!   2 **la fraise** die Erbeere

9 Complète les phrases par les formes correctes des verbes entre parenthèses. | Vervollständige die Sätze mit den richtigen Formen der Verben in Klammern.

____/14 P.

Théo _____ (être) dans la cuisine. Il _____ (regarder) dans le frigo. Sa mère _____ (arriver).

La mère: Qu'est-ce que tu _____ (faire), Théo?

Théo: Je _____ (vouloir) préparer une quiche aux tomates. Où _____ (être) les œufs? Et est-ce que nous _____ (avoir) des tomates?

La mère: Non, mais je _____ (aller) au supermarché. J'_____ (acheter) aussi un peu de fromage.

Théo: Maman, est-ce que tu _____ (pouvoir) aussi _____ (acheter) des frites?

La mère: Mais Théo, je ne _____ (vouloir) pas manger des frites avec la quiche!

Théo: Mais Maman, les enfants _____ (vouloir) toujours manger des frites et des desserts!

La mère: Alors, Théo, nous _____ (aller) au supermarché ensemble!

10 Qu'est-ce que Théo et sa mère achètent? | Schreibe zu jedem Bild, was Théo und seine Mutter kaufen. Schreibe die Mengenangaben aus. ____/6 P.

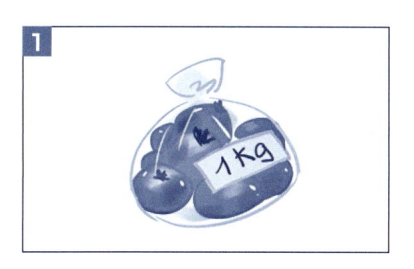

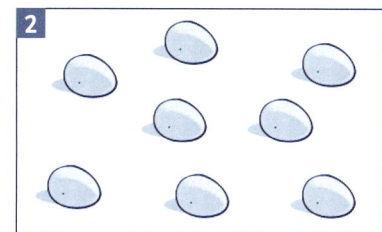

| 1 | 2 | 3 |
| 4 | 5 | 6 |

_____ _____ _____

_____ _____ _____

11 Complète par l'adjectif *content, formidable* ou *prêt*. | Ergänze die Sätze mit den richtigen Formen der Adjektive *content, formidable* oder *prêt*. ____/5 P.

1. Théo est _____ parce qu'il peut manger des frites.

2. Il veut manger une quiche avec des frites: Ce n'est pas une idée _____ !

3. Sa mère n'est pas _____ .

4. Maintenant, la quiche et les frites sont _____ .

5. Lucas et Théo mangent les frites: les deux garçons sont _____ .

MÉDIATION | Sprachmittlung   ____/16 P.

12 Au marché en France. Traduis pour tes parents. | Du machst mit deinen Eltern Urlaub in Frankreich. Ihr kauft auf dem Markt ein. Übersetze die Wünsche und Fragen deiner Eltern sowie die Antworten der Verkäuferin.

1. **Deine Mutter:** Sage der Frau, dass wir ein Kilo Tomaten und zwei Kilo Orangen möchten. 3 P.

   Du: Bonjour, _____

2. **Deine Mutter:** Frage bitte, was eine Flasche Milch kostet. 2 P.

   Du: _____

3. **Die Verkäuferin:** Un litre fait un euro cinquante. 2 P.

   Du: _____

4. **Deine Mutter:** Dann kaufen wir drei Liter. ⟨2 P.⟩

   Du: _____

5. **Die Verkäuferin:** Voilà. Et avec ça? ⟨1 P.⟩

   Du: _____

6. **Dein Vater:** Frage sie, ob sie auch Joghurts hat. ⟨2 P.⟩

   Du: _____

7. **Die Verkäuferin:** Ah non, je n'ai pas de yaourts. ⟨1 P.⟩

   Du: _____

8. **Deine Mutter:** Das ist alles. Frage sie, was das macht. ⟨2 P.⟩

   Du: _____

9. **Die Verkäuferin:** Douze euros vingt. ⟨1 P.⟩

   Du: _____

VERSION | Übersetzung   ____/18 P.

13 Traduis les phrases en allemand. | Übersetze die Sätze ins Deutsche.

1. Les enfants veulent préparer une quiche ⟨2 P.⟩ pour le dîner. ⟨1 P.⟩

   _____

2. C'est une surprise ⟨1 P.⟩ pour leurs parents. ⟨1 P.⟩

   _____

3. Il y a encore un peu de poulet ⟨2 P.⟩ dans le frigo. ⟨1 P.⟩

   _____

4. **Louis:** Une quiche avec un peu de poulet et des tomates, ⟨2 P.⟩ c'est bon! ⟨1 P.⟩

   _____

5. **Léa:** Oui. Et on fait aussi une salade. ⟨2 P.⟩

   _____

6. **Louis:** Qu'est-ce qu'on mange ⟨1 P.⟩ comme dessert? ⟨1 P.⟩

   _____

7. **Léa:** Peut-être des fruits? ☐ 2 P. Ils aiment ça! ☐ 1 P.

8. **Louis:** J'ai faim maintenant! ☐ 1 P.

PRODUCTION ÉCRITE | Schriftliche Produktion ___/17 P.

14 Felix va partir chez son correspondant Grégoire. Grégoire veut savoir ce qu'il aime au petit-déjeuner. | Felix aus Dresden wird bald zu seinem Austauschpartner Grégoire fahren. Grégoire fragt, was Felix gerne zum Frühstück isst. Schreibe die E-Mail für Felix mit Hilfe seiner Notizen.

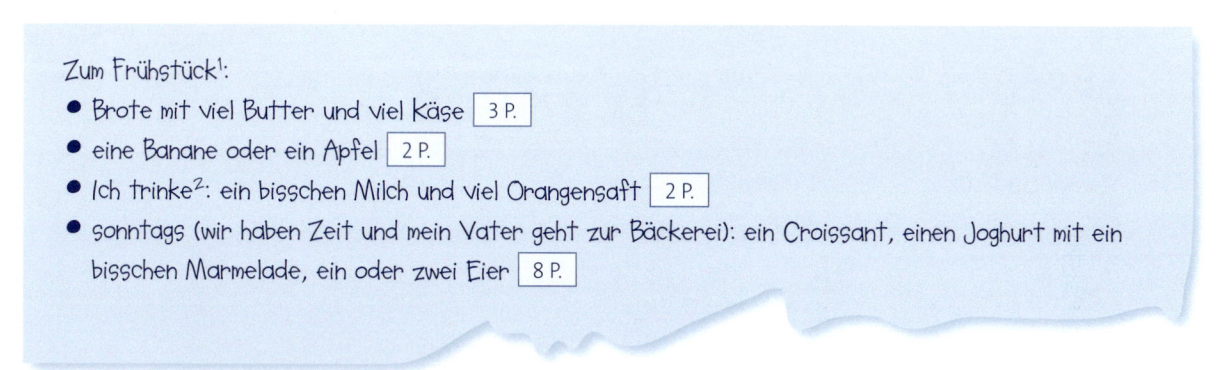

> Zum Frühstück[1]:
> - Brote mit viel Butter und viel Käse ☐ 3 P.
> - eine Banane oder ein Apfel ☐ 2 P.
> - Ich trinke[2]: ein bisschen Milch und viel Orangensaft ☐ 2 P.
> - sonntags (wir haben Zeit und mein Vater geht zur Bäckerei): ein Croissant, einen Joghurt mit ein bisschen Marmelade, ein oder zwei Eier ☐ 8 P.

Denke auch an die Anrede und an die Verabschiedung. ☐ 2 P.

---

[1] **zum Frühstück** au petit-déjeuner   [2] **ich trinke** je bois

Unité **10 Un week-end à Paris** | 150 Punkte

COMPRÉHENSION DE L'ORAL | Hörverstehen ____/ 20 P.

💡 Im Hörtext: **gratuit**/e umsonst, kostenlos

🎧 **1** La fête de la musique. Écoute le message à la radio deux fois et complète le tableau. | Es ist der 21. Juni. Du bist mit deinen Eltern in Lannion in der Bretagne. Im Radio wird das Wochenendprogramm vorgelesen. Hör es dir zweimal an und vervollständige die Tabelle.

Qu'est-ce qu'il y a?	C'est où?	C'est à quelle heure?	Ça coûte combien? (Bei kostenlosen Veranstaltungen „0" eintragen)
LE 21 JUIN			
• Spectacle de _____	devant le _____ Eiffel	à ___ heures	___ €
• _____ de rap	dans le _____	à ___ h ___	___ €
• des _____	dans les _____	entre ___ heures et minuit	___ €
LE 22 JUIN			
• Spectacle de _____	dans le _____ du collège Jean Jaurès	à ___ heures	___ €
• Spectacle de _____	dans l'_____ de l'Europe	à ___ h ___	___ €

72 Unité 10

COMPRÉHENSION DE L'ÉCRIT | Leseverstehen

18 Punkte

Maëlle et Franziska visitent Paris!

Franziska passe deux semaines chez son amie Maëlle. Elle aime beaucoup Lyon, mais bien sûr, elle veut aussi visiter Paris. Aujourd'hui, c'est vendredi, mais les parents de
5 Maëlle ne travaillent pas parce que c'est le 15 août[1]. Vendredi, samedi, dimanche: ils ont trois jours pour Paris! C'est formidable!

Ils arrivent à Paris à onze heures et quart. D'abord, ils vont à l'hôtel.

10 Après, Franziska veut visiter la tour Eiffel mais les parents de Maëlle ne sont pas d'accord. À midi, il y a trop de touristes à la tour Eiffel. Ils vont aller à la tour Eiffel ce soir!

Alors, ils vont à Montmartre en métro. Ils ar-
15 rivent à Montmartre à midi et demi et visitent le quartier. Franziska est contente, c'est comme sur les photos sur Internet!

À deux heures, ils ont faim et soif. Les enfants veulent manger à Montmartre mais c'est trop
20 cher. Alors, ils vont dans le quartier de Belleville[2]. Là, les enfants mangent un poulet-frites. Monsieur Dupas aussi. Madame Dupas mange une salade. Et comme dessert, il y a un gâteau au chocolat. Hm! Franziska adore
25 ça!

Après, ils vont au Centre Pompidou. Trente minutes à pied! Paul n'est pas content, mais pour ses parents et les deux filles, ce n'est pas un problème. Ils arrivent à quatre heures
30 et demie. Sur la place devant le Centre, Monsieur Dupas fait des photos.

Après, ils vont aux Halles. Dans la rue entre le Centre Pompidou et Les Halles, il y a un spectacle de hip-hop, c'est cool! Franziska aime le
35 hip-hop! Elle est même dans un club de hip-hop dans son collège. Alors, ils écoutent un peu la musique. Ils arrivent aux Halles à cinq heures et quart.

Les filles et Madame Dupas veulent faire du
40 shopping. Paul et Monsieur Dupas regardent des bédés.

À sept heures, ils vont à la tour Eiffel. Waouh! Franziska fait des photos de la tour et de «sa» famille. Ils restent là (devant, sous et sur la
45 tour!) deux heures.

À neuf heures et demie, ils mangent dans un restaurant à côté de leur hôtel. Après, ils vont dans leurs chambres.

Demain, ils vont aller au musée du quai Bran-
50 ly et aux Halles encore une fois[3] parce que Franziska veut acheter un cadeau pour sa mère et son frère.

Et dimanche? Ils vont aller dans les parcs et faire un tour en bateau sur la Seine[4].
55 Vive Paris!

---

1 Der 15. August ist ein Feiertag in ganz Frankreich.
2 Belleville ist ein Stadtviertel in Paris.
3 **encore une fois** noch einmal
4 **le tour en bateau sur la Seine** die Bootsfahrt auf der Seine

2 Lis le texte et note les activités dans le calendrier. | Welche Uhrzeiten passen zu welchen Programmpunkten? Lies den Text und schreibe sie in den Kalender.

____/7 P.

On arrive au Centre Pompidou.
On mange à Belleville.
On arrive à Paris.
On mange à côté de l'hôtel.
On fait du shopping aux Halles.
On visite Montmartre.
On visite la tour Eiffel.

Vendredi 15 août

11:15	
12:30	
14:00	
16:30	
17:15	
19:00	
21:30	

3 Relis l'histoire et coche les bonnes réponses. | Lies die Geschichte noch einmal und kreuze die richtigen Antworten an.

____/5 P.

1. Maëlle habite à:
   a ☐ Paris.   b ☐ Lyon.   c ☐ Bordeaux.

2. La famille Dupas et Franziska sont à Paris:
   a ☐ mardi et mercredi.
   b ☐ samedi, dimanche et lundi.
   c ☐ vendredi, samedi et dimanche.

3. À midi, Franziska mange:
   a ☐ une salade et un gâteau au chocolat.
   b ☐ un poulet-frites et un gâteau au chocolat.
   c ☐ un poulet-frites.

4. Paul n'est pas content parce qu'il:
   a ☐ n'aime pas le Centre Pompidou.
   b ☐ n'aime pas marcher.
   c ☐ n'aime pas la musique hip-hop.

5. Le spectacle hip-hop est:
   a ☐ devant le Centre Pompidou.   b ☐ aux Halles.   c ☐ dans une rue.

74 Unité 10

4 Relis l'histoire et coche la bonne réponse. Justifie par une phrase du texte. | Lies die Geschichte noch einmal und kreuze die richtige Antwort an. Begründe deine Antwort mit einem Satz aus dem Text.

___/6 P. (= 3 x 2 P.)

	Vrai	Faux
1. Il y a trop de touristes à la tour Eiffel à midi et le soir.	☐	☐

Justification*: _____

2. Franzika aime beaucoup Montmartre. ☐ ☐

Justification: _____

3. Samedi, Franziska veut acheter des cadeaux pour ses amis. ☐ ☐

Justification: _____

* **la justification** die Begründung

VOCABULAIRE | Wortschatz

22 Punkte

5 Complète. Trouve la phrase solution, écris-la et traduis-la. | Vervollständige. Finde den Lösungssatz, schreibe ihn auf und übersetze ihn.

___/11 P.

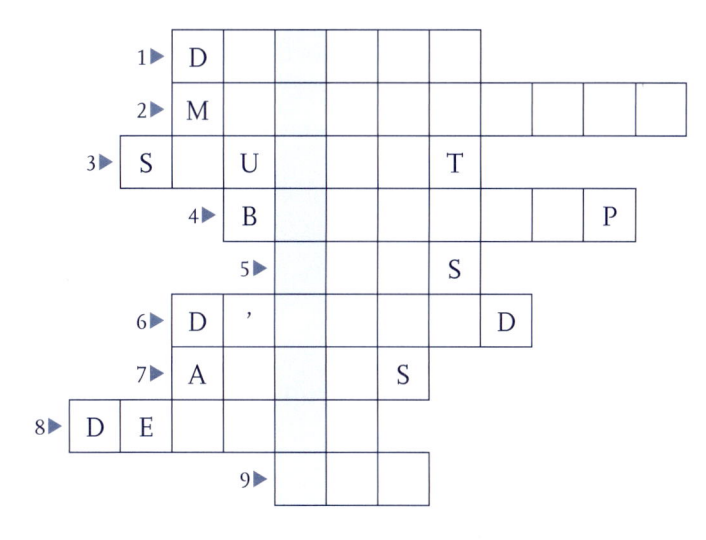

```
1▶ D _ _ _ _ _
2▶ M _ _ _ _ _ _
3▶ S _ U _ _ T _
   4▶ B _ _ _ P
      5▶ _ _ S _
   6▶ D ' _ _ D
      7▶ A _ S
8▶ D E _ _
      9▶ _ _ _ _
```

Léonie et Pauline sont à Paris. Elles sont **1** la tour Eiffel.

Pauline: Elle est formidable, la tour Eiffel. Tu vas **3** à Paris chez ta tante?

Léonie: Non parce qu'elle n'a pas **4** de temps. Qu'est-ce qu'on fait **2**? On monte[1] **9** la tour?

Pauline: Moi, je voudrais faire du shopping aux Halles. C'est **5** du Centre Pompidou.

Léonie: D'accord, on va **6** aux Halles et **7** au Centre Pompidou.

Pauline: Super! Et quand est-ce qu'on va aller à la Place de la Bastille?

Léonie: On va aller à la Place de la Bastille avec ma tante **8**.

La phrase solution[2] est _____ ! (= _____ !)

[1] **on monte** wir steigen hinauf   [2] **la phrase solution** der Lösungssatz

Unité 10   75

6 Souligne l'intrus. | Unterstreiche den „Eindringling" (= das Wort, das nicht in die Reihe passt). ___/4 P.

1. la rue – le travail – l'avenue – la place
2. le concert – le spectacle – l'heure – le film
3. le cinéma – le stade – le musée – la chaise
4. la question – la faute – la semaine – la réponse

7 Complète par les formes correctes des verbes *passer* ou *faire*. | Vervollständige den Dialog mit den passenden Formen der Verben *passer* oder *faire*. ___/7 P.

C'est vendredi. Paul et Jules rentrent du collège ensemble.

Paul: On _____ par le stade? Il y a un match de foot.

Jules: Je n'ai pas le temps. Nous allons _____ le week-end chez mon oncle à Cannes.

Paul: Qu'est-ce que vous allez _____ à Cannes?

Jules: On va un peu visiter la ville* et on va _____ la fête. C'est l'anniversaire de mon oncle.

Samedi après-midi, ma sœur veut _____ du shopping, bien sûr.

Paul: Et quand est-ce que tu rentres? Tu _____ chez moi dimanche soir?

Jules: Non, dimanche soir, je _____ toujours mes devoirs!

* **la ville** die Stadt

GRAMMAIRE | Grammatik

30 Punkte

8 Conjugue les verbes au présent. | Die Fleurots sitzen beim Frühstück. Konjugiere die Verben in Klammern im Präsens. ___/13 P.

Madame Fleurot: Les garçons, qu'est-ce que vous _____ (faire) après le collège?

Lucas: Est-ce que je _____ (pouvoir) aller au roller parc avec Grégoire, Léonie et Maëlle?

Madame Fleurot: Oui, mais tu _____ (rentrer) à six heures, d'accord? Après, nous _____ (manger) et nous _____ (aller) à la Fête de la musique!

Lucas: Super! Et toi, Théo, tu _____ (être) à la maison aujourd'hui?

Théo: Non, papa et moi, on _____ (vouloir) aller au club de foot. Des copains _____ (avoir) un match*.

* **le match** das Spiel

Monsieur Fleurot: Vous ne _____ (vouloir) pas aller au club de foot, Grégoire et toi?

Lucas: Grégoire et moi, oui, mais les filles n'_____ (aimer) pas le foot.

Madame Fleurot: Bien, et moi, je _____ (faire) les courses pour ce soir.

Théo: Qu'est-ce que tu _____ (acheter)? Des frites?

Madame Fleurot: C'_____ (être) une surprise!

9 Complète les phrases. Mets les verbes au futur composé. | Vervollständige die Sätze. Setze dafür die markierten Verben ins Futur composé.   ____/5 P.

1. Aujourd'hui, ma mère fait du shopping avec son amie. Samedi, elle _____ du shopping avec moi.

2. Le samedi midi, je mange toujours chez mon père. Et dimanche midi, je _____ _____ chez mes grands-parents.

3. Ce soir, mon père et sa copine vont au cinéma. Demain, ils _____ _____ à la Fête de la musique avec moi.

4. Maintenant, mon cousin Jérémy et moi, nous regardons des bédés. Ce soir, nous _____ un DVD.

5. Léonie, ta sœur et toi, vous passez chez votre cousine à 15 heures. Est-ce que vous _____ chez moi après?

10 Qu'est-ce qu'ils ne vont pas faire? Qu'est-ce qu'ils vont faire? Écris deux phrases pour chaque illustration. | Was werden sie am Wochenende nicht machen? Was werden sie machen? Schreibe zu jedem Bild zwei Sätze.

___ /12 P.
(= 6 x 2 P.)

1 ~~ranger sa chambre~~ /chatter avec ses copines

Louise _____

2 ~~dessiner dans ta chambre~~ / faire tes devoirs

La mère: Pierre, tu _____

3 ~~regarder la télé~~ / faire du shopping

Camille et sa sœur _____

4 ~~passer le week-end à la maison~~ / aller au cinéma

Paul et Maëlle: Nous _____

5 ~~manger un gâteau~~ / visiter un musée

Vous _____

6 ~~écouter un CD~~ / faire la cuisine

Maëlle: Je _____

MÉDIATION | Sprachmittlung

____/21 P.

11 Au téléphone, tu parles du programme de l'échange scolaire avec ta corres, Laurine. | Deine französische Austauschpartnerin Laurine ruft dich an. Ihr sprecht über das Programm, das deine Klasse für Laurines Klasse zusammengestellt hat. Antworte auf Französisch in ganzen Sätzen und schreibe die Zahlen aus.

Dienstag	Mittwoch	Donnerstag	Freitag
8–13 Uhr		9:30 Uhr	
Unterricht zusammen mit den Austauschschülern	Fahrt nach München¹	Museumsbesuch	Rallye² im Supermarkt
🍽	🍽	🍽	🍽
Mittagessen in der Austauschfamilie	Picknick	Mittagessen in der Austauschfamilie	Essen in der Stadt
20:30 Uhr	19 Uhr	Ab 15 Uhr	19 Uhr
Konzert von „Ich und ich"	Rückkehr	Shoppen	Feier: Es wird getanzt und gesungen!

1 München Munich   2 die Rallye le rallye

1. **Laurine:** Vous avez cours à quelle heure mardi? ⟨2 P.⟩

   Du: _____

2. **Laurine:** À quelle heure et où est-ce que nous allons manger? ⟨3 P.⟩

   Du: _____

3. **Laurine:** Qu'est-ce que nous allons faire après? ⟨3 P.⟩

   Du: _____

4. **Laurine:** Un concert? Super! Et qu'est-ce que nous allons faire mercredi? ⟨2 P.⟩

   Du: _____

5. **Laurine:** À quelle heure est-ce que nous allons rentrer? ⟨2 P.⟩

   Du: _____

6. **Laurine:** Quand est-ce que nous allons faire du shopping? ⟨2 P.⟩

   Du: _____

7. **Laurine:** Qu'est-ce que nous allons faire jeudi matin? [2 P.]

   Du: _____

8. **Laurine:** Est-ce que nous allons aller à l'école vendredi matin aussi? [2 P.]

   Du: _____

9. **Laurine:** Et qu'est-ce que nous allons faire vendredi soir? [3 P.]

   Du: _____

VERSION | Übersetzung   ___/22 P.

12 Traduis les phrases en allemand. | Übersetze die Sätze ins Deutsche.

1. Youpi! C'est le week-end! [1 P.]

   _____

2. Léonie fait son sac. [1 P.] Elle n'a pas beaucoup de devoirs, [2 P.] alors elle va passer deux jours chez sa cousine. [2 P.] Elle est contente! [1 P.]

   _____
   _____

3. Demain après-midi, elles vont faire du shopping. [3 P.] Bien sûr, elles adorent ça. [2 P.]

   _____

4. Après le dîner, [1 P.] elles vont aller à un spectacle de hip-hop ensemble. [2 P.]

   _____

5. Dimanche, les parents de Samantha veulent visiter un musée. [2 P.]

   _____

6. Mais les filles ne vont pas aller au musée … [2 P.]

   _____

7. Elles vont passer chez un copain de Samantha [2 P.] parce que c'est son anniversaire. [1 P.]

   _____

80   Unité 10

PRODUCTION ÉCRITE | Schriftliche Produktion ___/17 P.

13 Voilà le mail de Maëlle pour sa corres Franziska. | Maëlle hat ihrer deutschen Austauschpartnerin Franziska eine E-Mail geschickt. Franziska antwortet ihr. Schreibe die E-Mail für Franziska auf Französisch.

> À... ‹Franziska›
> Cc...
> Objet :
>
> Hallo Franziska!
> Wie geht es dir? Mir geht es gut! Hast du Lust, im August zu uns nach Lyon zu kommen? Du kannst auch zwei Wochen bleiben!
> Tschüß
> Maëlle

1. Formuliere eine Anrede. 1 P.

2. Bedanke dich für die Nachricht. 1 P.

3. Schreibe, dass das toll ist. 1 P.

4. Schreibe, dass du zufrieden bist, weil deine Eltern einverstanden sind. 4 P.

5. Frage, was ihr zusammen machen werdet. 2 P.

6. Schreibe, dass du mit ihr kochen möchtest. 2 P.

7. Frage, ob ihr auch nach Paris fahren werdet. 3 P.

8. Erzähle, dass du gerne den Eiffelturm besichtigen möchtest. 2 P.

9. Verabschiede dich. 1 P.

Mündliche Schulaufgabe/Klassenarbeit (nach Unité 8)

Die letzte Schulaufgabe/Klassenarbeit im Schuljahr ist häufig eine mündliche. Sie gliedert sich in drei Teile.

PRÉSENTE-TOI | Stelle dich vor (1–2 Minuten)

Nenne deinen Namen, dein Alter, deinen Wohnort, deine Adresse, deine Telefon- oder Handynummer. Stelle deine Familie vor und sprich über deine Haustiere und deine Hobbys.
Hier helfen dir folgende Wörter und Wendungen.

Je m'appelle ___.
J'ai ___ ans.
J'habite à ___.
Mon adresse est ___.
Mon numéro | Mon numéro de portable, c'est le ___.
J'ai ___ sœur/s. | J'ai ___ frère/s. | Je n'ai pas de frères et sœurs.

Mon frère | Ma sœur | Mon père | Ma mère s'appelle ___ et a ___ ans.
Mes frères | Mes sœurs | Mes parents s'appellent ___ et ont ___ ans.

J'ai un chien | un chat | un cochon d'Inde | une perruche | ___.
Il/Elle s'appelle ___.
Je n'ai pas d'animal.

J'aime …	regarder la télé	regarder un DVD	regarder une bédé	
J'adore …	aller au cinéma	aller au roller parc	aller au club de foot	
Je n'aime pas …	écouter mon lecteur mp3	
	visiter des musées (Unité 10)	
	surfer sur Internet	chatter	
	chanter	danser	rêver	dessiner	
	ranger ma chambre	faire la fête	faire la cuisine	faire des gâteaux	faire mes devoirs	faire du shopping (Unité 10)	
	le sport	le cheval	le foot	le tennis	le basket	le skate	la photo	___.

MONOLOGUE SUIVI | Kurzvortrag (2 Minuten)

Im Folgenden findest du mehrere in diesem Schuljahr bearbeitete Themen. Die bei jedem Thema angegebenen Wörter und Wendungen helfen dir bei deinem Kurzvortrag. Natürlich musst du nur über ein Thema sprechen. Es kann sein, dass es dafür eine kurze Vorbereitungszeit gibt.

> Mit den „Mots pour le dire" im Französischbuch (Seiten 224–230) und mit dem „Vocabulaire thématique" aus dem Lerntagebuch (Seiten 5 bis 34) kannst du dich bereits nach jeder Unité auf diese Kurzvorträge vorbereiten!

1 Présente ton quartier | Stelle dein Viertel vor

J'habite à ____.
C'est près de ____.
Mon quartier s'appelle ____.

Dans mon quartier, il y a … | un supermarché | un cinéma | un hôtel | une librairie | un cybercafé | une boulangerie | un parc | un club de foot | une école | un collège | un stade | une médiathèque | un roller parc | un musée | ____.

Dans mon quartier, j'aime … je n'aime pas … | le cinéma | le roller parc | le parc | le cybercafé | le musée | aller au cinéma | aller au club de foot | passer par le parc | ____.

Mon ami/e habite | n'habite pas dans mon quartier | dans ma rue | ____.
Mes amis habitent | n'habitent pas dans mon quartier | dans ma rue | ____.

2 Présente ton ami/e | Stelle deinen Freund / deine Freundin vor

Mon ami/e s'appelle ____.
Il/Elle a ____ ans.
Il/Elle est dans ma classe. | Il/Elle n'est pas dans ma classe.
Il/Elle habite à (*Ortsname*) | dans mon quartier | dans ma rue | ____.

Il/Elle a un frère | une sœur. | Il/Elle n'a pas de frères et sœurs.
Son frère | Sa sœur s'appelle ____ et a ____ ans.
Ses frères | Ses sœurs s'appellent ____ et ont ____ ans.

Il/Elle a un chien | un chat | un cochon d'Inde | une perruche | un cheval | ____.
Il/Elle n'a pas d'animal.

Il/Elle aime … | regarder la télé | regarder un DVD | regarder une bédé | aller au cinéma | aller au roller parc | aller au club de foot | visiter des musées (Unité 10) | écouter son lecteur mp3 | surfer sur Internet | chatter | chanter | danser | rêver | dessiner | ranger sa chambre | faire la fête | faire la cuisine | faire des gâteaux | faire ses devoirs | faire du shopping (Unité 10) | le sport | le cheval | le foot | le tennis | le basket | le skate | la photo | ____.

Ensemble, nous … | regardons la télé | regardons des DVD | regardons des bédés | allons au cinéma | allons au roller parc | allons au club de foot | visitons des musées (Unité 10) | surfons sur Internet | chattons | chantons | dansons | rêvons | dessinons | faisons la fête | faisons la cuisine | faisons des gâteaux | faisons du shopping (Unité 10) | ____.

3 Parle de ton anniversaire | Sprich über deinen Geburtstag

Mon anniversaire, c'est le ___ .

Je prépare … Mes parents préparent toujours …	un gâteau avec des bougies | une quiche | une salade | des salades | ___ .
Pour mon anniversaire, je/j' …	fais la fête avec mes amis dans ma chambre | fais la fête avec ma famille dans la salle de séjour | invite mes amis | mes grands-parents | ___ .
Ensemble, nous … Avec mes amis, nous …	mangeons un gâteau | des bonbons | des salades | regardons un DVD | chantons | dansons | surfons sur Internet | allons au parc | allons au cinéma | faisons des photos | ___ .
Mes amis apportent …	des cadeaux | des CD | des DVD | un gâteau | des salades | ___ .
Pour mon anniversaire, je voudrais …	un livre | un lecteur mp3 | une console | un VTT | un miroir | un sac | ___ .

4 Parle de la nourriture | Sprich über das Essen (ab Unité 9)

J'aime … J'adore … Je n'aime pas …	le beurre | le fromage | les yaourts | le lait | les œufs | les fruits | les oranges | les pommes | les bananes | les légumes | les tomates | la salade | la quiche | le poulet | les frites | les spaghettis | les gâteaux | les bonbons | la confiture | les croissants | les tartines | le jus d'orange | l'eau minérale | ___ .
Chez moi, mon père | ma mère | mes parents | mon frère | ma sœur …	fait les courses | font les courses | fait la cuisine | font la cuisine | prépare le dîner | préparent le dîner | ___ .
Moi, je …	fais la cuisine aussi | fais les courses | prépare un dessert | prépare un gâteau | ___ .
Le midi, nous … Le soir, nous …	mangeons souvent | toujours à ___ heures ___ . mangeons souvent | toujours à ___ heures ___ .

5 Présente ta chambre | Stelle dein Zimmer vor

J'habite dans une maison | un appartement | ___ .

J'ai une chambre pour moi.
Ma sœur | Mon frère et moi, nous avons une chambre ensemble.

Dans ma chambre, il y a mon lit | une armoire | un bureau | une chaise | des étagères | ___ .

à côté de ___ | à droite de ___ | à gauche de ___ | entre ___ et ___ | devant ___ | derrière ___ | sur ___ | sous ___ , il y a ... | mon ordinateur | des livres | mon lecteur mp3 | ma console | un miroir | un poster | une boîte avec des photos | mon sac de sport | ___ .

Dans ma chambre, je/j' ... | fais mes devoirs | prépare des exposés | surfe sur Internet | chatte | écoute des CD | écoute mon lecteur mp3 | regarde des bédés | regarde des livres | regarde des DVD | parle avec ___ | chante | danse | rêve | range | ___ .

J'aime ma chambre. | Ma chambre est super.
Ma chambre, c'est l'horreur parce que ___ .
Je n'aime pas ma chambre parce que ___ .

6 Présente ton collège | Stelle deine Schule vor

Mon collège s'appelle ___ .
Il est à ___ .
C'est une école avec des filles et des garçons | de filles | de garçons.

Dans mon collège, il y a ... | des élèves | des salles de classe | des profs | la salle des profs | une/deux secrétaire/s | une cantine | un gymnase | une cour | un secrétariat | ___ .

J'ai cours de ___ heures à ___ heures ___ .
Le mardi, j'ai cours l'après-midi.

Je suis en cinquième A.

J'aime ... | le français | l'anglais | l'allemand | les maths |
Je n'aime pas ... | l'histoire | la géographie | la physique | les SVT | le sport | la musique | ___ .

JEU DE RÔLES / ÉCHANGE D'INFORMATIONS | Rollenspiel / Informationsaustausch
(jeweils 2 Minuten)

Dieser Teil der mündlichen Schulaufgabe/Klassenarbeit besteht entweder aus einem Rollenspiel oder einem Informationsaustausch.

Jeu de rôles | Rollenspiel

Das Rollenspiel machst du entweder mit einem Mitschüler / einer Mitschülerin oder mit deinem Lehrer / deiner Lehrerin.
Du findest hier drei Sprechsituationen mit Wörtern und Wendungen, die dir bei deinem Rollenspiel helfen.
Natürlich musst du in der Schulaufgabe/Klassenarbeit nur ein Rollenspiel machen. Es kann sein, dass es dafür eine kurze Vorbereitungszeit gibt.
Im Lösungsheft findest du Musterlösungen zu den Jeux de rôles.

> Mit den Trainingskärtchen „En situation" (Seiten 94 bis 98) und „Les mots pour le dire" in deinem Buch (Seiten 224 bis 230) kannst du dich bereits nach jeder Unité auf Rollenspiele vorbereiten!

1 Qu'est-ce qu'on fait? (ab Unité 7)
C'est samedi. Tu veux passer l'après-midi avec ton copain français / ta copine française. Qu'est-ce que vous faites? Discutez. | Es ist Samstag. Du willst den ganzen Nachmittag mit deinem französischen Freund / deiner französischen Freundin verbringen. Was macht ihr? Diskutiert.

Wörter
- regarder un DVD
- regarder une bédé
- aller au cinéma
- aller à un concert de hip-hop
- aller au roller parc
- aller au club de foot
- passer à la librairie
- passer à la médiathèque
- visiter un musée (Unité 10)
- surfer sur Internet
- faire du shopping (Unité 10)
- préparer un gâteau
- aller chez moi / chez toi

Wendungen
- Est-ce que tu as le temps aujourd'hui?
- Qu'est-ce qu'on fait?
- Qu'est-ce que tu veux faire? (Unité 9)
- On peut / Nous pouvons ___ (Unité 8)
- Est-ce que tu veux ___ ? (Unité 9)
- Est-ce que tu es d'accord?
- Je voudrais ___
- Qu'est-ce qu'il y a au cinéma?
- On ___ ensemble?

- Tu passes chez moi?
- À quelle heure?
- À ___ heures, ça va?
- À plus!

☺
- Oui, j'ai le temps.
- Oui, bien sûr!
- C'est possible.
- Oui, je suis d'accord.

☹
- Non, je ne suis pas d'accord parce que ___
- Ce n'est pas possible parce que ___
- C'est cher. (Unité 9)
- Je n'ai pas assez d'argent. (Unité 9)
- Je n'aime pas ___
- Je ne veux pas ___ (Unité 9)

2 On prépare une fête (ab Unité 9)

C'est l'anniversaire de ta sœur. Tu prépares une fête-surprise avec ton ami français / amie française. Discutez. | Deine Schwester hat Geburtstag. Du bereitest eine Überraschungsparty mit deinem französischen Freund / deiner französischen Freundin vor. Wen ladet ihr ein? Was kauft ihr? Was bereitet ihr vor? Wann ist die Feier? Welches Geschenk kauft ihr? Diskutiert.

Wörter
- une salade, une tomate
- une salade de fruits: une pomme, une banane, une orange
- une quiche aux légumes
- un fromage
- un poulet
- des frites
- une bouteille d'eau minérale
- une bouteille de jus d'orange
- un yaourt
- un gâteau
- un sachet de bonbons
- danser / chanter / parler avec ___ / regarder un DVD
- le CD / le DVD / la bédé / le livre / la bougie / le miroir

Wendungen
- On invite qui?
- Quand est-ce qu'on fait la fête? / À quelle heure est-ce qu'on fait la fête?
- Où est-ce qu'on va organiser la fête? (Unité 10)
- Qu'est-ce qu'on va manger? (Unité 10)
- Qu'est-ce qu'on achète comme fruits et légumes?
- On peut acheter ___, non?
- Qu'est-ce qu'on prépare?
- Qu'est-ce qu'on écoute comme musique?
- Est-ce que tu as une idée pour le cadeau?
- On peut acheter ___

☺
- Oui, d'accord.
- Oui, pas mal.
- C'est une idée formidable.

☹
- Je ne suis pas d'accord.
- C'est cher!
- On n'a pas assez d'argent.
- C'est trop de travail.
- C'est tout?

3 Au marché (ab Unité 9)

Tu es en vacances avec tes parents en France. Tu fais les courses au marché. C'est ton tour. | Du verbringst mit deinen Eltern Urlaub in Frankreich. Du kaufst auf dem Markt Obst, Gemüse, Milch und Eier ein. Die Verkäuferin steht vor dir, du bist an der Reihe.

Wörter
- un peu de ___ / un kilo de ___ / une bouteille de ___ / une boîte de ___
- le lait, le fromage, les œufs
- des fruits: une orange, une pomme, une banane, ___
- des légumes: une tomate, une salade, ___

Wendungen

Kunde/Kundin:
- Bonjour, je voudrais ___, s'il vous plaît.
- Merci, c'est tout.
- Je voudrais aussi ___
- Combien est-ce qu'ils/elles coûtent?
- Alors ___, s'il vous plaît.
- C'est cher.
- Merci, c'est tout.
- Ça fait combien?

Verkäufer/Verkäuferin:
- Ce n'est pas cher.
- Voilà.
- Et avec ça?
- Combien?
- Ça coûte ___ euros.
- Merci, au revoir!

Échange d'informations | Informationsaustausch

Den Informationsaustausch führst du mit einem Mitschüler / einer Mitschülerin durch. Dafür ziehst du in der Prüfung Zettel mit Stichwörtern. Dein/e Lehrer/in legt fest, wie viele Stichwörter du ziehen musst. Bei diesem Prüfungsteil gibt es in der Regel keine Vorbereitungszeit.
Du findest hier mehrere Stichwörter, zu denen du deinem Partner / deiner Partnerin Fragen stellst. Natürlich musst du auch seine/ihre Fragen beantworten.
Bei den meisten Stichwörtern gibt es mehrere Möglichkeiten der Fragestellung.

Beispiele:
devoirs? → – **Quand** est-ce que tu fais tes devoirs? / – **Où** est-ce que tu fais tes devoirs?
animal/animaux? → – **Est-ce que** tu as un animal? / – Ton animal s'appelle **comment**?

Aufgepasst! Stelle Fragen mit „Est-ce que" am Satzanfang nur, wenn es keine andere Möglichkeit gibt. Die **Antwort** auf eine „Est-ce que"-Frage sollte dann noch eine zusätzliche Information enthalten.

Beispiele:
– Est-ce que tu parles français? – Oui, **un peu**.
– Est-ce que tu habites dans un appartement? – Non, **j'habite dans une maison**.

Stichwörter:

nom? (ab Unité 1)	cinquième? (ab Unité 2)	quartier? (ab Unité 3)	habiter? (ab Unité 3)
où? (ab Unité 3)	âge? (ab Unité 4)	frères et sœurs? (ab Unité 4)	travailler? (ab Unité 4)
français? (ab Unité 4)	animal/animaux? (ab Unité 4)	chambre? (ab Unité 5)	maison? (ab Unité 5)
anniversaire? (ab Unité 6)	devoirs? (ab Unité 6)	sport? (ab Unité 7)	rentrer à la maison? (ab Unité 7)
week-end? (ab Unité 7)	samedi? (ab Unité 7)	cinéma? (ab Unité 7)	faire la cuisine? (ab Unité 7)
après l'école? (ab Unité 7)	faire? (ab Unité 7)	aimer? (ab Unité 7)	adorer? (ab Unité 7)
école? (ab Unité 8)	avoir cours? (ab Unité 8)	élèves? (ab Unité 8)	prof de français? (ab Unité 8)
manger? (ab Unité 9)	fruits? (ab Unité 9)	Paris? (ab Unité 10)	shopping? (ab Unité 10)

Mit den Trainingskarten „36 questions pour un champion" (Seiten 99 bis 102) kannst du dich bereits ab der Unité 8 auf diese Fragen vorbereiten!

Annexe

ORTHOGRAPHE | Rechtschreibtraining

Die Punktzahlen dienen dir zur Selbsteinschätzung deiner Rechtschreibung und gehen nicht in die Gesamtbewertung der einzelnen Schulaufgaben/Klassenarbeiten ein.

Nach Unité 2

1 Complète par Ç, ç, é, è, ê, à oder '. | Vervollständige mit Ç, ç, é, è, ê, à oder '. ___/7 P. (= 14 x 0,5 P.)

1. C__est la rentr__e. __a va, les __l__ves?

2. Nous sommes __ Levallois. Voil__ le coll__ge Jean Jaur__s.

Schreibe Wörter, die dir Schwierigkeiten machen, mehrere Male.

3. Je m__appelle Laurine. Et toi, tu t__appelles comment?

4. Les gar__ons sont dans la cour. Vous __tes en sixi__me?

Nach Unité 3

2 Remets les lettres dans l'ordre pour former des nombres. | Bilde die Zahlwörter von 1 bis 10, indem du die Buchstaben in die richtige Reihenfolge bringst. ___/10 P.

1. nqci → _____
2. sirto → _____
3. xdi → _____
4. tpse → _____
5. nu → _____

6. autrqe → _____
7. ituh → _____
8. uxde → _____
9. ufne → _____
10. xis → _____

3 Écris les nombres en français. | Schreibe die Zahlen auf Französisch auf. ___/10 P.

1 _____
2 _____
3 _____
4 _____
5 _____

6 _____
7 _____
8 _____
9 _____
10 _____

Nach Unité 4

4 Corrige le texte de Maëlle: rajoute les accents. | Maëlle schreibt ihrer deutschen Brieffreundin Franziska eine erste Nachricht. Doch vor lauter Aufregung vergisst sie, die Akzente zu setzen. Korrigiere ihren Text.

___/8 P.
(= 16 x 0,5 P.)

> Salut Franziska,
> Tu habites a Kempten? C'est ou?
> Tu as quel age? Tu as des freres et sœurs?
> Moi, j'habite pres d'un parc. Mon ecole est a cote.
> Je suis eleve en cinquieme au college Jean Rostand.
> Mes copains et moi, nous rentrons toujours ensemble –
> a pied, bien sur!
> A plus,
> Maëlle

Du kannst nach der Verbesserung den gesamten Text noch einmal abschreiben. So übst du die Akzente noch besser!

5 Complète la liste des nombres. | Vervollständige die Zahlenreihe von 1 bis 20.

___/10 P.

_____ – deux – _____ – quatre – _____ – six – _____ – huit – _____

– dix – _____ – douze – _____ – quatorze – _____ – seize – _____

– dix-huit – _____ – vingt

Nach Unité 5

6 Écoute le texte et complète-le. Fais attention à l'orthographe. | Hör dir den Text an und ergänze die Sätze. Achte auf die Rechtschreibung.

___/14 P.

_____ Paul cherche?

Paul, le _____ de Maëlle, _____ dans sa chambre. Il _____ ses clés. Il a

_____ à neuf _____ . Il regarde à _____ et à _____, dans son

sac de sport _____ la porte, _____ ses mangas.

Sa mère: _____, Paul!

Alors, Paul regarde sur son _____ . _____ clés sont _____!

90 Annexe

Nach Unité 6

7 Remets les lettres dans l'ordre pour former huit mois de l'année. | Bringe die Buchstaben in die richtige Reihenfolge, sodass sich acht Monatsnamen ergeben.

____/8 P.

1. avnrije → _____
2. rliav → _____
3. njiu → _____
4. ûato → _____
5. rfrvéei → _____
6. ejtulil → _____
7. erbdcemé → _____
8. rmsa → _____

8 Complète le calendrier. | Vervollständige den Kalender mit den Monatsnamen in der richtigen Reihenfolge.

____/11 P.

01	02	03	04
___	___	___	___
05	06	07	08
mai	___	___	___
09	10	11	12
___	___	___	___

Nach Unité 7

9 Complète les listes des nombres en suivant la logique. Écris les nombres en toutes lettres. | Vervollständige die Zahlenreihen und beachte dabei die vorgegebene Reihenfolge. Schreibe die Zahlen aus.

____/13 P.

1. trois – six – _____ – _____ – _____ – dix-huit

2. vingt-deux – _____ – _____ – dix-neuf

3. trente – _____ – _____ – _____ – soixante-dix

4. soixante-treize – _____ – _____ – soixante-dix

5. _____ – _____ – quatre-vingt-deux – quatre-vingt-trois

6. quatre-vingt-dix-huit – quatre-vingt-dix-neuf – _____

Annexe 91

Nach Unité 8

10 Il est quelle heure? Complète les mots. | Lies die Uhrzeit und vervollständige die Wörter. Achte dabei auf die Rechtschreibung.

____/ 10 P.

1. se_____ heures et qua_____

2. n_____ heures v_____-cin___

3. onze heures m_____ d_____

4. mi_____

5. midi et d_____

6. h_____ heures

Nach Unité 9

11 Écoute le texte et complète-le. | Höre den Text an und ergänze die Sätze.

____/ 10 P.

Les Fleurot _____ une fête de famille. Alors, ils _____ au supermarché. Qu'est-ce qu'ils _____? Des légumes pour une quiche, un _____ et des frites.

C'est _____. Ils ne _____ pas avoir trop de travail _____' ils n'ont pas beaucoup de temps. Et qu'est-ce qu'ils _____ comme dessert? Une mousse au chocolat, _____. Les enfants adorent _____ !

Nach Unité 10

12 Remets les lettres dans l'ordre pour former des compléments de temps, puis traduis-les. | Bringe die Buchstaben in die richtige Reihenfolge, sodass sich Zeitangaben ergeben. Dann übersetze sie.

____/ 14 P.
(= 8 x 2 P.)

1. iandme → _____ (= _____)

2. ntntainmea → _____ (= _____)

3. h'iujraudou → _____ (= _____)

4. rslao → _____ (= _____)

5. vtnsuoe → _____ (= _____)

6. jrtsuoou → _____ (= _____)

7. rspaè → _____ (= _____)

LES CLÉS POUR PARLER

Fällt es dir schwer, ganze Sätze zu bilden sowie Fragen und Antworten zu formulieren? Dann werden folgende Trainingskarten „En situation" und „36 questions pour un champion" sehr hilfreich für dich sein.

En situation

Mit dem Kommunikationstrainer kannst du nach jeder Unité „Comment est-ce qu'on dit" üben und dich auf mündliche Leistungsmessungen wie z. B. Klassenarbeiten/Schulaufgaben vorbereiten. Die Lösungen findest du auch auf der CD (Tracks 13 bis 21), damit du deine Aussprache verbessern kannst.
Doch bevor du übst, musst du ein wenig basteln.

Herstellen des Kommunikationstrainers:
Die Vorlagen zum Ausschneiden findest du im Lösungsheft auf den Seiten 45 und 47. Du kannst sie direkt ausschneiden oder sie dir auf dünnen Tonkarton kopieren lassen.

> Wenn du deinen Kommunikationstrainer verloren hast, kannst du die Bastelvorlage (aus dem Lösungsheft) im Internet herunterladen.

1. Schneide die Vorder- (Seite 45) und Rückseite (Seite 47) des Kommunikationstrainers entlang der gestrichelten Linien aus. Lege den schmalen Streifen mit dem aufgedruckten D und E zur Seite.
2. Falte die grauen Laschen A, B und C der Vorderseite entlang der durchgezogenen Linien nach hinten.
3. Klebe diese grauen Laschen mit Klebstoff auf die weißen Streifen A, B, C der Rückseitenvorlage, sodass du einen Umschlag erhältst.
4. Du bist gleich fertig! Falte die grauen Laschen D und E des schmalen Streifens entlang der durchgezogenen Linien.
Klebe diese grauen Laschen dann auf die weißen Streifen D und E des Kommunikationstrainers, damit ein Sichtfenster entsteht. Geschafft? Viel Spaß!!

Übe mit dem Kommunikationstrainer:
Auf den Seiten 94 bis 99 findest du Trainingskarten für die jeweilige Unité. Schneide sie aus. Schiebe eine Trainingskarte in den Kommunikationstrainer. Im Sichtfenster erscheint der erste Impuls, auf den du reagieren sollst. Wenn du die Trainingskarte ein Stück herausziehst, erscheint im Sichtfenster die Lösung, damit du dich selbst kontrollieren kannst.

Partnerarbeit:
Du kannst auf die gleiche Art und Weise mit einem Partner / einer Partnerin üben. Lies ihm/ihr die Impulse vor und überprüfe seine/ihre Antwort mit Hilfe der Lösung, die du ins Sichtfenster ziehst.

36 questions pour un champion

Übe ab Unité 8 auf Fragen zu den Themen „Deine Familie und dein Zuhause" und „Deine Schule und deine Hobbys" zu antworten. Auf den Seiten 99 bis 102 findest du 36 Fragen, die auf Kärtchen gedruckt sind. Auf der Rückseite der Kärtchen findest du jeweils ein Lösungsbeispiel, damit du dich selbst kontrollieren kannst.
Die Fragen kannst du dir auch auf der CD anhören (Tracks 22 und 23), damit du deine Aussprache korrigieren und verbessern kannst.
Schneide die Kärtchen auf den Seiten 99 + 100 und 101 + 102 aus und bewahre sie in einem Briefumschlag auf.
Du kannst alleine oder zu zweit üben. Wer bekommt die meisten Punkte?

> Wiederhole diese Fragen und Antworten immer wieder!

EN SITUATION	EN SITUATION
🎧 13 | Unités 1/2: À l'école	🎧 14 | Unité 3: À Levallois
1 Begrüße deinen Lehrer.	**1** Ein Mann fragt dich, wo du wohnst.
(Bonjour, monsieur!)	(Tu habites où?)
2 Begrüße deinen Freund und frage, wie es ihm geht.	**2** Antworte, dass du aus Levallois kommst.
(Salut, ça va?)	(Je suis de Levallois.)
3 Er antwortet, dass es ihm gut geht.	**3** Sage, dass Levallois in der Nähe von Paris ist.
(Ça va.)	(Levallois est près de Paris.)
4 Frage einen Mitschüler nach seinem Namen.	**4** Sage, dass ihr in der Parkstrasse wohnt.
(Tu t'appelles comment?)	(Nous habitons rue du Parc.)
5 Er sagt, dass er Jules heißt.	**5** Sage, dass es in Levallois die Métro und die Seine gibt.
(Je m'appelle Jules.)	(À Levallois, il y a le métro et la Seine.)
6 Dein Freund fragt, wer das Mädchen ist.	**6** Sage, dass es sogar eine bemalte Wand gibt.
(La fille, c'est qui?)	(Il y a même un mur peint.)
7 Sage, dass du es nicht weißt.	**7** Sage, dass ihr daneben wohnt.
(Je ne sais pas.)	(Nous habitons à côté.)
8 Sage, dass das Louise ist.	**8** Eine Frau fragt dich, wo das Stadion ist.
(C'est Louise.)	(Le stade, c'est où?)
9 Sage, dass sie die Freundin von Laurine ist.	**9** Antworte, dass sich das Stadion zwischen zwei Hochhäusern befindet.
(C'est l'amie de Laurine.)	(Le stade est entre deux tours.)
10 Sage, dass sie die Schwester von Tom ist.	**10** Frage sie, was sie anschaut.
(C'est la sœur de Tom.)	(Qu'est-ce que vous regardez, madame?)
11 Frage Jules, ob er in der 6A ist.	**11** Sie sagt, dass sie den Eiffelturm auf der bemalten Wand anschaut.
(Tu es en sixième A?)	(Je regarde la tour Eiffel sur le mur peint.)
12 Er verneint und sagt, dass er in der 6B ist.	**12** Sie fragt dich, was es in Levallois gibt.
(Non. Je suis en sixième B.)	(Qu'est-ce qu'il y a à Levallois?)

EN SITUATION	EN SITUATION
🎧 15 | Unité 4: Ma famille	🎧 16 | Unité 5 : Chez moi
1 Stelle deinem französischen Brieffreund deine Familie vor.	**1** Frage, wo deine Sporttasche ist.
(Voilà ma famille.)	(Où est mon sac de sport?)
2 Sage, dass dein Vater Lehrer ist.	**2** Deine Mutter fordert dich auf, unter deinem Bett nachzuschauen.
(Mon père est prof.)	(Regarde sous ton lit!)
3 Sage, dass deine Mutter in einem Supermarkt arbeitet.	**3** Frage, wer im Badezimmer ist.
(Ma mère travaille dans un supermarché.)	(Qui est dans la salle de bains?)
4 Sage, dass du 13 Jahre alt bist.	**4** Sage deinem Bruder, dass er sich beeilen soll.
(J'ai treize ans.)	(Dépêche-toi!)
5 Sage, dass du einen Bruder hast.	**5** Sage, dass dein Zimmer links von der Küche ist.
(J'ai un frère.)	(Ma chambre est à gauche de la cuisine.)
6 Sage, dass ihr Tiere habt: zwei Meerschweinchen und einen Hund.	**6** Deine Mutter fordert dich auf, dein Zimmer aufzuräumen.
(Nous avons des animaux: deux cochons d'Inde et un chien.)	(Range ta chambre!)
7 Sage, dass du ein bisschen Französisch sprichst.	**7** Sage, dass es in deinem Zimmer ein Bett, einen Schrank und einen Schreibtisch gibt.
(Je parle un peu français.)	(Dans ma chambre, il y a un lit, une armoire et un bureau.)
8 Sage, dass deine Großeltern in Deutschland wohnen.	**8** Sage, dass dein Mountainbike hinter der Tür steht.
(Mes grands-parents habitent en Allemagne.)	(Mon VTT est derrière la porte.)
9 Frage deinen Brieffreund, ob er Geschwister hat.	**9** Sage, dass neben dem Schrank ein Spiegel ist.
(Tu as des frères et sœurs?)	(Il y a un miroir à côté de l'armoire.)
10 Frage, wie alt sie sind.	**10** Sage, dass an der Wand ein Bild von deinem Fußballverein hängt.
(Ils ont quel âge?)	(Sur le mur, il y a une photo de mon club de foot.)
11 Frage ihn, wo seine Eltern arbeiten.	**11** Sage, dass in deinem Zimmer zwei Schreibtische stehen.
(Tes parents travaillent où?)	(Dans ma chambre, il y a deux bureaux.)
12 Frage, ob sie Tiere haben.	**12** Sage, dass es einen Computer auf deinem Schreibtisch gibt.
(Vous avez des animaux?)	(Il y a un ordinateur sur mon bureau.)

EN SITUATION	EN SITUATION
🎧 17 | Unité 6: L'anniversaire	🎧 18 | Unité 7: Les hobbys
1 Ein Freund fragt dich, wann du Geburtstag hast.	**1** Frage einen Freund nach seinen Hobbies.
(C'est quand, ton anniversaire?)	(Qu'est ce que tu aimes?)
2 Sage, dass du am 1. März Geburtstag hast.	**2** Er sagt, dass sein Hobby Reiten ist.
(Mon anniversaire, c'est le premier mars.)	(Mon hobby, c'est le cheval.)
3 Sage, dass das ein Dienstag ist.	**3** Er surft auch gerne im Internet.
(C'est un mardi.)	(J'aime aussi surfer sur Internet.)
4 Sage, dass du eine Feier organisieren möchtest.	**4** Frage eine Freundin, ob sie Zeit hat.
(Je voudrais organiser une fête.)	(Tu as le temps?)
5 Sage, dass deine Eltern einverstanden sind.	**5** Sie sagt, dass sie keine Zeit hat.
(Mes parents sont d'accord.)	(Je n'ai pas le temps.)
6 Sage, dass du deine Freunde einlädst.	**6** Frage einen Freund, was ihr machen könntet.
(J'invite mes amis.)	(Qu'est-ce qu'on fait?)
7 Sage, dass du auch Geschenke möchtest.	**7** Schlage vor, zum Skatepark zu gehen.
(Je voudrais aussi des cadeaux!)	(On va au roller parc?)
8 Sage, dass du Salate machst.	**8** Er ist einverstanden.
(Je fais des salades.)	(D'accord.)
9 Dein Freund sagt, dass er einen Kuchen mitbringt.	**9** Er fragt, ob du bei ihm vorbeikommst.
(J'apporte un gâteau.)	(Tu passes chez moi?)
10 Dein Freund fragt, wann du deine Freunde einlädst.	**10** Frage: „Um wie viel Uhr?"
(Tu invites tes amis quand? / Quand est-ce que tu invites tes amis?)	(À quelle heure?)
11 Antworte: „Am Samstag, um 14 Uhr."	**11** Er schlägt 2 Uhr vor.
(Samedi, à 14 heures.)	(À deux heures.)
12 Dein Freund wünscht dir alles Gute zum Geburtstag.	**12** Sage: „Also dann, bis nachher!"
(Joyeux anniversaire!)	(Alors, à plus!)

EN SITUATION	EN SITUATION
🎧 19 | Unité 8: L'emploi du temps	🎧 20 | Unité 9: Au marché
1 Frage, wie spät es ist.	**1** Sage, dass du Hunger hast.
(Il est quelle heure?)	(J'ai faim.)
2 Sage, dass es halb neun ist.	**2** Frage, was du einkaufen sollst.
(Il est huit heures et demie.)	(Qu'est-ce que j'achète?)
3 Sage, dass dein Unterricht um 9 Uhr beginnt.	**3** Frage, ob es genug Butter und Marmelade gibt.
(J'ai cours à neuf heures.)	(Est-ce qu'il y a assez de beurre et de confiture?)
4 Sage, dass du dienstagnachmittags Unterricht hast.	**4** Sage, dass du zwei Bananen und eine Flasche Orangensaft möchtest.
(J'ai cours le mardi après-midi.)	(Je voudrais deux bananes et une bouteille de jus d'orange.)
5 Sage, dass du um 12 Uhr mittags in der Kantine isst.	**5** Die Verkäuferin fragt, was du sonst noch möchtest.
(À midi, je mange à la cantine.)	(Et avec ça?)
6 Dein Lehrer fragt, warum du dich verspätet hast.	**6** Sage, dass das alles ist.
(Pourquoi est-ce que tu es en retard?)	(C'est tout.)
7 Antworte: „Weil meine Uhr nicht funktioniert."	**7** Frage nach dem Preis.
(Parce que ma montre ne marche pas.)	(Ça fait combien?)
8 Frage eine Freundin, ob sie heute Abend mit dir ins Kino geht.	**8** Die Verkäuferin nennt dir einen Preis: 3 € 95.
(Tu vas au cinéma avec moi, ce soir?)	(Ça fait trois euros quatre-vingt-quinze.)
9 Sie sagt, dass sie heute nicht ins Kino gehen kann.	**9** Sage, dass das nicht teuer ist.
(Je ne peux pas aller au cinéma aujourd'hui.)	(Ce n'est pas cher.)
10 Sie sagt, dass sie donnerstags immer zu ihrer Großmutter geht.	**10** Sage, dass du Hähnchen mit Pommes magst.
(Le jeudi, je vais toujours chez ma grand-mère.)	(J'aime le poulet avec des frites.)
11 Sie fügt hinzu, dass sie zusammen kochen.	**11** Frage, wie viel ein Hähnchen kostet.
(Nous faisons la cuisine ensemble.)	(Un poulet, combien est-ce que ça coûte?)
12 Sie sagt, dass sie danach zusammen essen.	**12** Sage, dass das zu teuer ist.
(Après, nous mangeons ensemble.)	(C'est trop cher.)

EN SITUATION

🎧 21 | Unité 10: Qu'est-ce que tu fais?

1 Eine Freundin fragt, was du heute Abend machst.

(Qu'est-ce que tu fais, ce soir?)

2 Sage, dass du zu Hause bist.

(Je suis à la maison.)

3 Sage, dass du deine Tasche packst.

(Je fais mon sac.)

4 Deine Freundin fragt, ob du bei ihr vorbeikommst.

(Tu passes chez moi?)

5 Sage, dass du keine Zeit hast.

(Je n'ai pas le temps.)

6 Sage, dass du morgen nach Paris fährst.

(Je vais à Paris demain.)

7 Sage, dass du eine Woche bei deiner Cousine verbringst.

(Je vais passer une semaine chez ma cousine.)

8 Deine Freundin fragt, was du in Paris besichtigen willst.

(Qu'est-ce que tu veux visiter à Paris?)

9 Sie fragt, ob du ein Museum besichtigen willst.

(Est-ce que tu veux visiter un musée?)

10 Sie fragt, ob du zu einer Hip-Hop-Aufführung gehen willst.

(Est-ce que tu veux aller à un spectacle de hip-hop?)

11 Sie fragt, ob du auch einkaufen willst.

(Tu veux aussi faire du shopping?)

12 Verneine und sage, dass du nicht genug Geld hast.

(Non, je n'ai pas assez d'argent.)

36 QUESTIONS POUR UN CHAMPION

🎧 22 | Ta famille et ton chez-toi

1. Tu t'appelles comment?

2. Tu as quel âge?

3. Tu habites où?

4. (Immenstadt), c'est où?

5. Qu'est-ce qu'il y a à (Immenstadt)?

6. Est-ce que tu as des frères et sœurs?

7. Est-ce que tu as des animaux?

8. Est-ce que tu parles français?

9. Où travaille ta mère?

10. Où travaille ton père?

11. Qui habite avec toi?

12. Où est ta chambre?

13. Qu'est-ce qu'il y a dans ta chambre?

14. Qu'est-ce que tu fais dans ta chambre?

15. C'est quand, ton anniversaire?

16. Est-ce que tu fais la fête pour ton anniversaire?

17. Qu'est-ce que tes copains et copines apportent pour ton anniversaire?

18. Qu'est-ce que tu voudrais pour ton anniversaire?

36 QUESTIONS POUR UN CHAMPION

🎧 22 | Ta famille et ton chez-toi

Beispiellösung: Il travaille dans (un supermarché).	Beispiellösung: Je m'appelle (Daniela).
Beispiellösung: J'habite avec (ma mère et mes deux frères).	Beispiellösung: J'ai (12) ans.
Beispiellösung: Ma chambre est à côté de (la cuisine).	Beispiellösung: J'habite à (Immenstadt).
Beispiellösung: Il y a un lit, (une armoire et un bureau).	Beispiellösung: C'est près de (Kempten).
Beispiellösung: Je (fais mes devoirs et j'écoute mes CD).	Beispiellösung: Il y a (des supermarchés, des hôtels et un cinéma).
Beispiellösung: C'est le (14 septembre).	Beispiellösung: Oui, j'ai (un frère et une sœur). / Non, je n'ai pas de frère et sœur.
Beispiellösung: Oui et j'invite (mes copines et copains).	Beispiellösung: Oui, j'ai (un chat). / Non, je n'ai pas d'animaux.
Beispiellösung: Ils apportent (des cadeaux et des gâteaux).	Beispiellösung: Oui, je parle (un peu) français.
Beispiellösung: Je voudrais (un portable et des livres).	Beispiellösung: Elle travaille dans (une librairie).

36 QUESTIONS POUR UN CHAMPION

🎧 23 | Ton école et tes loisirs

1. Comment s'appelle ton école?

2. Où est ton école?

3. Qu'est-ce qu'il y a dans ton école?

4. Combien d'élèves est-ce qu'il y a dans ta classe?

5. Qu'est-ce que tu aimes à l'école?

6. Qu'est-ce que tu n'aimes pas à l'école?

7. Comment est-ce que tu vas au collège?

8. À quelle heure est-ce que tu as cours?

9. À quelle heure est-ce que tu rentres à la maison?

10. Qu'est-ce que tu fais après l'école?

11. Qu'est-ce que tu fais le week-end?

12. Qu'est-ce que tu aimes faire?

13. Qu'est-ce que tu n'aimes pas faire?

14. Est-ce que tu aimes le sport?

15. Qu'est-ce que tu fais en juillet?

16. Est-ce que tu aimes faire la cuisine?

17. Qu'est-ce que tu aimes comme fruits?

18. Qu'est-ce que tu n'aimes pas manger?

36 QUESTIONS POUR UN CHAMPION

🎧 23 | Ton école et tes loisirs

Beispiellösung:

Après l'école, je (mange et je fais mes devoirs).

Beispiellösung:

Mon école s'appelle (Anna-Essinger-Realschule).

Beispiellösung:

Je (vais au cinéma et j'invite un copain).

Beispiellösung:

Mon école est à (Ulm).

Beispiellösung:

J'aime (faire la cuisine et parler avec ma copine).

Beispiellösung:

Dans mon école, il y a (des salles de classe, une salle des professeurs, une cour).

Beispiellösung:

Je n'aime pas (ranger ma chambre et préparer des exposés).

Beispiellösung:

Dans ma classe, il y a (28) élèves.

Beispiellösung:

Oui, j'aime (le foot et le basket). / Non, j'aime (la musique).

Beispiellösung:

À l'école, j'aime (le français et les maths).

Beispiellösung:

En juillet, je (vais une semaine chez mon père).

Beispiellösung:

À l'école, je n'aime pas (l'histoire-géo).

Beispiellösung:

Oui, j'aime faire (des quiches). / Non, mais j'aime (manger)!

Beispiellösung:

Je vais au collège (à pied).

Beispiellösung:

J'aime (les pommes et les oranges).

Beispiellösung:

J'ai cours à (huit heures moins cinq).

Beispiellösung:

Je n'aime pas (le fromage et le poulet).

Beispiellösung:

Je rentre à la maison à (une heure et quart).

À LA CHASSE AUX FAUTES | Auf Fehlerjagd

Nach jeder schriftlichen Produktion (Production écrite) sollst du deinen Text mehrmals durchlesen. Stelle dir bei jedem Durchlesen eine der nachfolgenden Fragen:

• Hast du an die accents gedacht?	bien sûr / le frère / l'étagère
• Hast du die richtigen Begleiter verwendet?	le garçon / la fille / des copains / nos profs / leurs livres
• Hast du apostrophiert, wo es nötig war?	l'école / beaucoup d'oranges / Où est-ce qu'ils habitent?
• Hast du an die Nomen im Plural ein „s" bzw. ein „x" angehängt?	les chiens / des cadeaux
• Sind die Endungen der Verben richtig bzw. sind die Verbformen richtig?	tu parles / ils prennent
• Stehen die Verneinungswörter an der richtigen Stelle?	Elles ne sont pas dans la cuisine.
• Ist die Wortstellung im Satz richtig?	Aujourd'hui, elle va au supermarché. Pourquoi est-ce qu'elle achète un livre? Elle achète un livre parce qu'elle cherche un cadeau pour sa mère.

BARÈME | Punktetabelle

	BE	Note 1	Note 2	Note 3	Note 4	Note 5	Note 6	Meine Note
Unités 1 und 2	100	100–88	87–75	74–62	61–50	49–33	32–0	
Unité 3	122	122–108	107–93	92–77	76–61	60–40	39–0	
Unité 4	122	122–108	107–93	92–77	76–61	60–40	39–0	
Unité 5	136	136–120	119–103	102–86	85–68	67–44	43–0	
Unité 6	120	120–106	105–91	90–76	75–60	59–40	39–0	
Unité 7	145	145–128	127–110	109–91	90–72	71–47	46–0	
Unité 8	146	146–129	128–111	110–92	91–73	72–48	47–0	
Unité 9	132	132–116	115–99	98–82	81–66	65–43	42–0	
Unité 10	150	150–132	131–113	112–94	93–75	74–49	48–0	
Mündliche Schulaufgabe	40	40–36	35–31	30–26	25–20	19–14	13–0	

Critères d'évaluation du devoir oral | Bewertungskriterien für die mündliche Schulaufgabe/Klassenarbeit

40 Punkte

Gesamt: 2 x 20 Punkte = 40 Punkte

Inhalt

___/10 P.

Présente-toi (Du stellst dich vor)	Du kannst dich vorstellen. 1 P. Du kannst auf eventuelle Rückfragen reagieren. 1 P.
Monologue suivi (Kurzvortrag)	Du kannst dein Thema auf einfache und spontane Weise präsentieren. 2 P. Der Zuhörer kann deinem Kurzvortrag gut folgen. 2 P.
Jeu de rôles (Rollenspiel)	Du kannst dich situationsgerecht bei einem Rollenspiel einbringen. 2 P. Du kannst auf deine/n Gesprächspartner/in eingehen. 2 P.

Sprache

___/10 P.

Die Bewertung bezieht sich auf die drei Prüfungsteile.

Wortschatz	Du verfügst über ausreichend Wortschatz und kannst ihn richtig verwenden. 3 P.
Grammatik	Du kannst gelernte grammatische Strukturen anwenden. 4 P.
Aussprache und Intonation	Deine Aussprache ist verständlich. Du beherrschst die französische Satzmelodie weitestgehend. 3 P.

Liebe Schülerin, lieber Schüler, falls du die Audio-CD verloren hast, kannst du sie dir als MP3-Dateien downloaden. Gehe dazu auf www.cornelsen.de/webcodes und gib folgenden Webcode ein: **ATOI-1-SAT-AUDIO**